Edito

La Thaïlande est un kaléidoscope de paysages, véritable incitation à une découverte en profondeur. L'hospitalité souriante des Thaïlandais vous plonge au plus profond de leur générosité : une ouverture pour un contact privilégié avec la population.

Rencontre, nature et culture sont les fils conducteurs de ce Guide Tao. Nous vous invitons à voyager autrement en respectant la terre, les peuples et leurs traditions. Immersion totale garantie et dépaysement immédiat !

Pour vous faire vivre une expérience inoubliable, nous avons sélectionné un panel d'hébergements respectueux de l'environnement (éco-lodge, ferme, séjour chez l'habitant...), une multitude d'activités (trek, visite de village, snorkeling, cours de cuisine, art...) loin des sentiers battus ainsi que quelques centres artisanaux pour une consommation équitable de produits locaux qui vise l'amélioration des conditions de vie des communautés !

Immergez-vous dans ces contrées encore préservées en vivant au rythme des minorités et en découvrant la culture traditionnelle. Des villages montagnards aux jungles tropicales, en passant par la tentaculaire Bangkok, les îles aux plages de sable fin et aux eaux turquoise, une mosaïque de merveilles aux ambiances magiques ne cessera de vous émerveiller. Laissez-vous guider !

Comme dans tous les Guides Tao, les adresses du Guide Tao Thaïlande sont choisies pour leurs démarches de qualité, de respect de la planète et des hommes, signalées par ces pictogrammes :

POUR L'ENVIRONNEMENT
produits bio ou locaux, emballages écologiques, consommation d'énergie réduite...

POUR LES EFFORTS SOCIAUX ET CULTURELS
lieux accessibles à tous, traditions gastronomiques préservées, retombées économiques locales...

Préparer son voyage

Quand partir ? ....

	Saison fraîche	Saison sèche	Saison humide
Quand	Novembre à février	Mars à mai	Juin à octobre
Températures	20 - 30°C 5°C la nuit en montagne	30 - 35°C	15 - 25°C
Infos	Haute saison touristique : réservation recommandée, tarifs élevés.	Saison intermédiaire : disponibilité, prix intéres-sants.	Basse saison touristique : accès aux îles limité voire fermé, tarifs moins élevés.

Bord de mer

Visa

Aucun visa n'est exigé pour un séjour inférieur à 30 jours avec une entrée par voie aérienne et 15 jours par voie terrestre. Le passeport doit être valide au moins 6 mois après la date d'arrivée en Thaïlande.
L'ambassade délivre un visa touristique donnant droit à un séjour de 60 jours, avec possibilité de le prolonger de 30 jours, la durée totale ne pouvant excéder 90 jours sur une période de 6 mois. En cas de dépassement, une amende de 500 bahts par jour est à régler.

Petite astuce : quitter le pays, se rendre dans l'un des pays frontaliers et revenir en Thaïlande autorise un nouveau séjour. Les lois évoluent : consultez le site de l'ambassade ambafrance-th.org

Ambassade Royale de Thaïlande en France :
8, rue Greuze, 75016 Paris, 01 56 26 50 50.
Le service des visas est ouvert du lundi au vendredi de 09h30 à 12h.
Bureau de l'immigration en Thaïlande :
Immigration Division, Soï Suan Phlu, Sathon Tai Road, Bangkok 10120, Thaïlande, 022 87310110.

Argent

Le baht est la monnaie thaïlandaise : 1€ = 40 bahts environ. Les banques, ouvertes jusqu'à 15h, offrent le meilleur taux de change. Il est préférable d'avoir de petites coupures pour payer les commerçants et les transports.
Les billets sont à l'effigie du roi, ne les froissez pas ou ne les ramassez pas avec vos pieds, traitez-les avec respect !
Les distributeurs de billets (ATM) sont très répandus dans tout le pays. Les grandes enseignes acceptent le règlement par carte bancaire. En cas de vol ou perte de votre carte, signalez-le au centre Visa du pays au 001 800115350660 (visa-europe.fr), pour une Mastercard au 001 800118870663 (mastercard.com) et prévenez votre banque.

Scène de marché

Budget

1 litre d'eau : 15 bahts
1 bière : 100 bahts
1 jus de fruit : 80 bahts
1 T-shirt : 250 bahts

Hébergements	
€	<1500 bahts
€€	1500 – 3500 bahts
€€€	>3500 bahts
Restauration	
€	<100 bahts
€€	100 – 200 bahts
€€€	>200 bahts

Risques

La Thaïlande est un pays sécurisé. Toutefois, les régions frontalières nécessitent une vigilance particulière, se renseigner sur le site diplomatie.gouv.fr.
Les agressions de voyageurs sont très rares, soyez respectueux envers les Thaïlandais ! Cependant, les escroqueries sont monnaie courante, méfiez-vous des locaux qui souhaitent sympathiser et vous proposent bon nombre de services. Les arnaques les plus courantes tournent autour des bijoux et pierres précieuses, des jeux de cartes, des visites de ville, des touk touk ou taxis. Gardez toujours sur vous passeport et carte de paiement. En cas de problème, contactez la police touristique au 1155.

Touk touk de Bangkok

Santé

Les risques sanitaires sont faibles en Thaïlande : aucun vaccin n'est obligatoire, soyez tout de même à jour au niveau des vaccins classiques. Certains vaccins sont par ailleurs vivement conseillés ! (pasteur.fr)

Les principales mesures de prévention concernent l'hygiène alimentaire et la protection contre les maladies transmissibles.
Les pharmacies délivrent tous types de médicaments sans ordonnance. Anti-diarrhéique, antalgique et antiseptique sont les éléments indispensables à inclure dans votre trousse à pharmacie. Si vous êtes sous traitement, emportez votre ordonnance rédigée en anglais. En cas de problème majeur, contactez votre assurance.

Décalage horaire : +5h l'été, +6h l'hiver. Synchronisez-vous le plus tôt possible pour éviter les effets du jet lag : dormez bien avant le départ, passez à l'heure thaïlandaise dès l'embarquement, sommeillez dans l'avion, évitez les excitants (café, thé...) et les repas copieux. A votre arrivée, restez éveillé pendant les heures de clarté, adoptez le rythme de repas du nouveau fuseau horaire et pratiquez une activité physique pour améliorer la qualité de votre sommeil.

SOS coup de soleil : même quand le niveau d'ensoleillement parait faible, notamment à Bangkok ou dans le Nord... Protégez-vous ! Chapeau, lunettes et crème solaire sont indispensables.

Les moustiques : leurs piqûres provoquent réactions rougeâtres et démangeaisons. La majorité des moustiques est inoffensive, certains peuvent toutefois transmettre un virus (dengue ou paludisme) : l'apparition des symptômes, maux de tête, nausées, vomissements, douleurs articulaires et musculaires... peut alors tarder.
Les moyens préventifs pour faire barrière aux moustiques : vêtements longs et couleurs claires, moustiquaire, ventilateur et climatisation, répulsif. L'eucalyptus citronné et l'encens d'huiles essentielles sont réputés pour leurs propriétés répulsives. Trouvez l'anti-moustique écolo qui vous correspond sur eco-sapiens.com.

Vue sur Bangkok

A emporter

Ne vous encombrez pas, voyagez léger ! Vous trouverez facilement des buanderies ou des vêtements originaux sur votre chemin. Prévoyez des vêtements légers, en fibres naturelles, couvrant épaules et genoux pour les visites des temples et des villages. Prenez un pull-over pour les nuits fraîches, il vous permettra également de survivre à la climatisation dans les bus et les trains. Emportez de bonnes chaussures de marche pour les randonnées et munissez-vous d'une lampe torche rechargeable.

Le tourisme sexuel

Plus de deux millions d'enfants sont victimes de prostitution dans le monde. Le développement de l'exploitation sexuelle des enfants dans le tourisme est une réalité grandissante liée à différents facteurs tels que la pauvreté persistante dans les pays en développement, l'augmentation des flux de voyageurs chaque année ou encore le climat d'anonymat créé par le contexte du voyage.

Des pays comme la Thaïlande sont particulièrement connus pour être des destinations spécialement touchées, même si la mise en place en Thaïlande d'une politique intense de prévention et de répression des abuseurs a parfois fait « migrer le fléau » vers des pays tels que le Cambodge, le Laos, le Vietnam et l'Indonésie. Si les coupables ne sont pas poursuivis sur place, les lois extraterritoriales françaises prévoient qu'un Français, ou un résident habituel sur le territoire français, pourra être condamné en France, même si ses actes ont été commis à l'étranger. Les peines prévues par la loi française pour les délits de recours à la prostitution de mineurs peuvent aller jusqu'à 7 ans de prison. Depuis les années 90, le réseau ECPAT (End Child Prostitution, Child Pornography and Trafficking of Children for Sexual Purposes) lutte pour faire respecter les droits fondamentaux des mineurs de moins de 18 ans. Aujourd'hui, le réseau international regroupe plus de 80 associations dans 75 pays dont la France.

Numéros utiles

Opposition Visa : 001 800115350660
Opposition Mastercard : 001 800118870663
Bureau de l'immigration : 022 87310110
Police pour les touristes : 1155
Pompiers : 199
Hôpital : 022 528111

Conseils pratiques

Déplacements

Pour compenser l'émission de CO_2, privilégiez la durée à la fréquence : favorisez les transports locaux, vos rencontres seront plus profitables et gagneront en authenticité.

Compenser son transport !

√ *Partez longtemps* et prenez le temps de la découverte : durant votre voyage, le trajet en avion est le principal responsable des émissions de gaz à effet de serre.

√ *Avec Actioncarbone.org*, mis en place par la fondation Goodplanet, calculez les émissions de CO_2 de votre voyage et soutenez un projet de compensation.

√ *Notre conseil* : partez moins souvent et restez plus longtemps sur place.

▶ Le train : économique et moins polluant.

Le réseau ferré relie les 4 régions, les trains comptent généralement 3 classes. Les Thaïlandais convoitent ce mode de transport, aussi est il préférable de réserver à l'avance. Voyager en train est agréable : vous aurez tout le temps de découvrir la campagne thaïlandaise et d'échanger avec les locaux. A chaque arrêt, un ballet de vendeurs ambulants embaume le wagon de senteurs exotiques.

Pour les longues distances, le train de nuit est la solution idéale, vous arriverez à destination plus reposé. Des sanitaires sont disponibles dans chaque wagon. Le contrôleur note votre destination pour vous réveiller à l'approche de votre station.

Attention, la ponctualité est rarement au rendez-vous... State Railway of Thailand : railway.co.th, tel : 1690.

▶ Bus et mini van : le plus économique

Le réseau est très dense. Dans chaque grande ville, une gare routière propose des bus publics ou des mini vans gérés par des compagnies privées. Dans les provinces, les bus communautaires se prennent sur le bord de la route : faites un signe de la main pour demander l'arrêt. Pour descendre dans une ville donnée, signalez le à l'assistant du chauffeur, il vous fait signe de descendre à l'approche de la destination. Dans les bus de nuit, soyez vigilant à vos effets personnels. N'oubliez pas de vous munir de vêtements chauds, les bus sont climatisés et il y fait très frais ! Prévoyez des boules Quies si vous comptez dormir. Bus publics thaïlandais : transport.co.th, tel: 1490.

▶ Songthaew

Son nom est tiré des 2 banquettes latérales fixées à l'arrière d'un pick-up ouvert à l'air libre. Ces taxis collectifs sillonnent les agglomérations et n'ont pas d'arrêts fixes. Faites signe pour monter et appuyez sur le bouton pour descendre. Le prix varie en fonction du trajet.

▶ Touk Touk : le taxi local

Une expérience thaïlandaise à ne pas manquer, traditionnelle et authentique ! Les chauffeurs de touk touk ne parlent pas tous anglais : munissez-vous de votre adresse, si possible écrite en thaïlandais. Ce tricycle motorisé multicolore et au bruit assourdissant est idéal pour les petits trajets. De par sa petitesse, il se faufile partout. Agrippez-vous bien ! Prévoyez un petit foulard pour vous protéger de la pollution notamment à Bangkok. Fixez le tarif avant de monter ! Dans les grandes agglomérations, les chauffeurs proposent des itinéraires de visite, intégrant un arrêt dans des boutiques de bijoux ou d'objets contrefaits. Gare aux arnaques !

▶ Le bateau

De par sa situation géographique, la Thaïlande offre un large réseau fluvial et marin. Plusieurs solutions permettent de se déplacer : ferry, navette, speed boat, longtail de pêcheur, raft, kayak... Ce peut être un moyen de substitution à la route. A Bangkok, vous reliez rapidement les ports historiques le long de Chao Praya pour un prix dérisoire. Dans le Nord, vous pouvez rallier Pai à Mae Hong Son en rafting avec une escale dans un village Karen avec Thai Adventure Rafting. Plus à l'Est, vous est proposée la descente du Mekong ! Si vous avez le pied marin, les transferts inter-îles sont également assurés.

Le vélo : alternative économique et écologique

Le samlo est une sorte de cyclo-pousse permettant de tracter 1 ou 2 personnes sur de petites distances. C'est un moyen de transport silencieux, non polluant et agréable pour découvrir un quartier. Le vélo est aussi un excellent moyen de se déplacer en ville, pratique, sympa et écologique. Aux abords des parcs historiques (Sukhothai, Ayutthaya), il est possible de louer des vélos pour se balader sur les sites. Certains hébergements mettent à disposition de leurs hôtes des bicyclettes. La meilleure façon d'explorer les îles reste le VTT, plus adapté aux terrains escarpés. Pratiquez cette activité plutôt le matin ou en fin d'après-midi pour éviter la chaleur, n'oubliez pas votre téléphone portable et une provision d'eau. Faites auparavant un petit tour de piste pour vérifier les freins et jetez un œil sur la pression des pneus.

Décrypter une adresse thaïlandaise

Pour gagner du temps lors de vos déplacements, il est judicieux de se pencher quelques minutes sur l'adresse de destination. Une adresse thaïlandaise contient plusieurs informations, comme un entonnoir inversé : du très précis au plus macro, soit de la ruelle à la province. Prenons un exemple : 51 Soi Chittapanya, Prachak Road, Tambon Naimueang, Amphoe Bueng Kan, Nong Khai.

Le Soi est la ruelle et Road la rue principale à laquelle la ruelle est connectée. Tambon est le sous-district et Amphoe le district. Pour finir on trouve le nom de la province, qui est aussi le nom de la ville principale. Focalisez-vous sur le district et ne vous rendez pas systématiquement dans la ville principale de la province, indiquée en fin d'adresse.

Hébergements

La Thaïlande offre de nombreuses possibilités de logement à des prix très variés. Il y en a pour tous les goûts ! Pensez à réserver à l'avance en haute saison.

Chez l'habitant

Immersion garantie ! Partagez la vie quotidienne d'un village en logeant au sein d'une chaleureuse famille thaïlandaise. Dans une maison traditionnelle, une chambre équipée de matelas, moustiquaire et couvertures est mise à disposition des hôtes. Vous partagez les sanitaires avec la famille. Profitez de la préparation du repas par la maîtresse de maison pour vous initier à la cuisine authentique thaïlandaise. L'intégration au sein d'une famille est la meilleure façon de découvrir sa culture et de partager des moments de convivialité.

Guesthouse

Ces établissements permettent de se loger bon marché dans un endroit convivial et décontracté. Ce sont souvent de petites structures familiales avec un confort sommaire et des constructions traditionnelles.

Amoureux de la nature

La majorité des parcs nationaux dispose de bungalows au cœur d'une végétation luxuriante. Vous pouvez planter votre tente ou en louer une avec sac de couchage pour quelques bahts. Le nombre de place étant limité, réservez à l'avance sur dnp.go.th.

Hôtels et resorts

La Thaïlande dispose d'un large choix d'hôtels et de resorts avec des chambres de différent standing, généralement situés dans un environnement naturel (jungle, plage, parc...), agréable et relaxant. Ces sites proposent des activités de loisirs (piscine, spa, sport...) et de nombreux services (pressing, visites...) en complément de l'hébergement. Certains hôtels écologiques ont obtenu une certification Green Leaf. Pour en savoir plus : greenleafthai.org. L'un des critères d'évaluation est la réduction de la consommation énergétique.

Voyages organisés et guides........................

Le réseau touristique est développé en Thaïlande, ce qui facilite la visite des voyageurs. Pour découvrir la vraie Thaïlande et voyager autrement, il faut s'aventurer hors des sentiers battus, aller à la rencontre des locaux, s'immerger dans les us et coutumes. Les possibilités sont nombreuses.

▶ Le tourisme communautaire : plaisir et authenticité

Littéralement appelée tourisme autochtone, cette formule est un moyen de partager au plus près la vie des populations. Les communautés locales gèrent l'organisation du séjour, au niveau de l'hébergement et des activités. Elles garantissent ainsi un minimum de confort dans une maison traditionnelle et des animations quotidiennes. Les revenus profitent directement à la population : construction d'écoles, préservation des espaces naturels, revenus complémentaires...

La CBT-I (Community Based Tourism Institute, cbt-i.org) promeut un tourisme communautaire au bénéfice des communautés et forme les villageois à l'accueil de visiteurs. L'animation du réseau permet de mettre en relation les locaux et les voyageurs en assurant un roulement équitable auprès des familles d'accueil.

Andaman discoveries (andamandiscoveries.com) soutient activement les familles affectées par le tsunami. Il s'engage à fournir à la population locale une source de revenu complémentaire tout en préservant leur mode de vie traditionnel.

▶ Le tourisme solidaire : donnez un sens à votre voyage

Tout au long de votre voyage, vous aurez de nombreuses opportunités pour contribuer à l'amélioration des conditions de vie des populations locales : réhabilitation des mangroves, bien-être des éléphants, insertion des réfugiés birmans, construction d'équipements dans les villages, apprentissage de l'anglais dans des écoles... De nombreuses adresses sont répertoriées dans chaque région. L'hébergement se déroule la plupart du temps chez l'habitant ou dans des dortoirs dédiés aux volontaires internationaux. Ces rencontres et ces échanges utiles aux communautés d'accueil sont un réel privilège pour le voyageur.

▶ Thaïlande Autrement

Cette agence de voyage est spécialisée dans le tourisme rural responsable. Une multitude d'activités bénéficiant à l'économie locale et gérées de manière respectueuse est proposée aux voyageurs souhaitant découvrir le pays hors des sentiers battus. Un concept original et flexible, adapté aux envies des visiteurs, vous permet de profiter pleinement de votre séjour. thailandeautrement.com.

Nourriture

La cuisine thaïlandaise est excellente et peu chère. Elle est caractérisée par 5 saveurs clés : sucré, salé, aigre, amer et pimenté... de quoi réveiller les papilles ! Les terres, propices à l'agriculture, regorgent d'une multitude de céréales, fruits, légumes et épices fraîchement récoltés. On peut se restaurer à toute heure du jour ou de la nuit : restaurants et marchands ambulants pullulent.

Les gargotes : dans la rue, au marché

Laissez votre odorat vous guider vers ces cuisines à ciel ouvert. Ces marchands ambulants installés au coin d'une rue ou sur une place offrent un festival d'odeurs, de couleurs et de saveurs. Une grande variété de plats y est proposée : brochettes de viandes ou de poissons, soupes, crustacés, riz, légumes et nouilles sautés. Savourez votre mets en compagnie des Thaïlandais, juché sur les tabourets installés à proximité des stands. Dans certains villages reculés, les cuisines ambulantes sont la meilleure alternative pour se restaurer. Fiez-vous à la popularité du stand pour faire votre choix, c'est un indice de qualité !

Déguster ainsi la cuisine traditionnelle fraîchement préparée par les locaux est une excellente occasion de découvrir la gastronomie thaïlandaise. Grâce à cette expérience authentique, vous quitterez le pays en ayant goûté à toutes les spécialités régionales.

Les restaurants

Cuisine thaïlandaise

Les restaurants locaux proposent une large variété de plats thaïlandais délicieusement cuisinés, dans une ambiance chaleureuse.

Votre menu peut se composer de snacks, salades, soupes, currys agrémentés de sauce pimentée, sans omettre les succulents desserts. Un petit bol de riz accompagne naturellement votre plat. Les cartes sont écrites en thaïlandais et parfois sous-titrées approximativement en anglais. Une bonne occasion d'échanger avec le serveur et de jouer aux mimes, avec un grand sourire bien sûr ! Précisez le dosage du piment ou demandez que la sauce soit mise séparément dans une petite coupelle. Si vous avez mangé trop pimenté, n'essayez pas de faire passer cette sensation avec de l'eau : mangez ou buvez sucré. Certains restaurateurs valorisent la provenance des végétaux : biologiques et / ou cultivés par des producteurs locaux.

Les végétariens

Le végétarisme est une pratique courante en Thaïlande, fortement influencée par le bouddhisme. Une fois par an, généralement au mois d'octobre, les Thaïlandais célèbrent le festival végétarien. Sur la carte des restaurants, vous trouvez souvent une page dédiée et dans les gargotes de rue, ces plats sont préparés à la demande. A vous de composer !

Il faut absolument essayer le Som Tam (salade de papaye épicée), le populaire Pad Thai (nouilles sautées aux légumes et au tofu : précisez que vous ne souhaitez ni viande, ni crevettes) ou encore le Tom Yum Soup (soupe aux champignons à base de lait de coco).

Les festivités thaïlandaises

Les fêtes, qu'elles soient religieuses, culturelles, nationales ou royales, tiennent une grande place dans l'art de vivre thaïlandais. Folklores, couleurs, senteurs et gaieté envahissent les rues. Les célébrations religieuses ou royales sont plus solennelles. La participation à ces événements est un excellent moyen pour se mêler à la population locale et découvrir ainsi les coutumes du pays.

Phuket Vegetarian Festival

Janvier	Festival des ombrelles de Bo Sang et de l'artisanat de Sankampang
Février	Fête des Fleurs à Chiang Mai Makha Bucha (commémoration du sermon de bouddha) Festival de la danse du Lion
Mars	Festival des cerfs-volants
Avril	Festival des eaux Songkran (nouvel an thaïlandais) Festival du lâcher de tortues à Phuket
Mai	Jour du Couronnement du Roi Cérémonie du Labour Royal à Bangkok Fête des fusées à Yasothon Visakha Bucha (fête bouddhiste) Festival des roquettes
Juin	Fêtes des esprits Phi ta Khon à Dansai
Juillet	Festival des bougies Khao Phansa (début du carême bouddhique)
Août	Anniversaire de Sa Majesté la Reine
Septembre	Tournoi de polo sur éléphant
Octobre	Ok Phansa (fin du carême bouddhiste) Festival végétarien
Novembre	Loi Krathong (fin de la saison des pluies) Fête des éléphants à Surin Semaine du Pont de la Rivière Kwaï Festival des lanternes à Chiang Mai
Décembre	Anniversaire de Sa Majesté le Roi Fête de la Constitution

Carte d'identité

Au cœur de l'Asie du Sud-Est, entre la mer de Chine et l'océan Indien, le royaume de Thaïlande s'étend sur 1770 km du Nord au Sud. Il a des frontières communes avec la Birmanie, le Laos, le Cambodge et la Malaisie. Les plus grandes subdivisions du pays sont les régions, au nombre de 4.

Le Centre

Rivières et klongs sillonnent cette région, offrant un merveilleux spectacle au cœur des somptueuses rizières et une vie pittoresque le long des canaux. A l'Ouest, la province abrite des vestiges de l'histoire, immergés dans de denses forêts verdoyantes. Au cœur, la trépidante capitale Bangkok, cité stressée et polluée, a toutefois su conserver son noyau traditionnel. Sur la côte Est, baies et plages spectaculaires se succèdent.

Le Nord

Au cœur de paysages grandioses et verdoyants, les vallées tapissées de rizières s'entremêlent entre montagnes embrumées et forêts luxuriantes. Cette région abrite le triangle d'or et de nombreuses ethnies montagnardes particulièrement attachées à leurs cultures ancestrales. Ces atouts sont propices à de multiples activités : randonnée en pleine jungle, descente en rafting, exploration de grottes, découverte des traditions…

Le Nord-Est

Le plateau de l'Isan, longé par le Mekong, est la région la moins visitée, préservant ainsi toute son authenticité. Elle subit certes l'influence culturelle des pays voisins, mais se caractérise surtout par l'originalité et la chaleur de ses habitants. Cette partie recèle de véritables joyaux : citadelles khmers, vestiges préhistoriques, parc nationaux…

Le Sud

Cette étroite bande de terre est bordée de magnifiques plages de sable blanc et entourée d'eaux azuréennes, dans lesquelles baignent des chapelets de petites îles coralliennes, colonisées par une riche faune marine. La côte d'Andaman abrite les Moken, derniers nomades marins à vivre traditionnellement. A l'intérieur des terres, les parcs nationaux regorgent de montagnes recouvertes d'une végétation remarquable.

Paysage de rizière

Itinéraires

A la rencontre des tribus

J1. Introduction à la culture indigène par une visite au Tribal Museum (n°8 chap. Nord). Découverte d'un atelier de tissage (n°15 chap. Nord)

J2 - 3. Trek dans les montagnes et rencontre avec les tribus karen (n°12 chap. Nord)

J4 - 6. Descente en rafting et séjour dans un village karen (n°25 chap. Nord)

J7 - 8. Au cœur du quotidien des tribus montagnardes lahu (n°24 chap. Nord)

J9 -11. Promenade en bateau sur le Mékong et visite des ethnies hmong (n°33 chap. Nord)

J12 - 15. Immersion chez les Mokens, peuple nomade marin (n°27 chap. Sud)

Entre terre et mer : au cœur des parcs naturels

J1. Exploration des trésors cachés du parc Phu Hin Rong Kla (n°48 chap. Nord)

J2 - 3. Grimpette jusqu'au sommet Phu Rua, émerveillement face au coucher de soleil (n°12 chap. Nord-Est)

J4 - 5. Promenade sur les traces des dinosaures et visite du musée (n°17 chap. Nord-Est)

J7 - 8. A bord d'un bateau, excursion des grottes et des peintures rupestres. Face à face avec de surprenantes sculptures rocheuses (n°31 chap. Nord-Est)

J9 - 11. Rando dans les montagnes verdoyantes, baignade dans les cascades sauvages (n°18 chap. Sud) . Découverte de la faune marine (n°17 chap. Sud)

J12 - 15. Nuit dans une maison flottante au cœur de la jungle de Khao Sok. Recherche de la fleur rafflésie (n°16 chap. Sud)

J16 - 20. Croisière sur la côte d'Andaman : baignade, farniente, plongée (n°42, 44 et 45 chap. Sud)

Méditation et bien-être

J1. Réveil au Phranakorn Nornlen, un havre de paix (n°1 chap. Centre), journée inoubliable avec un moine bouddhiste (n°14 chap. Centre)

J2 - 3. Purification du corps grâce à une alimentation saine et contrôlée. Détente avec une séance de yoga (n°17 chap. Nord-Est)

J4 - 14. Retraite de méditation au cœur de la forêt : théorie et pratique spirituelles (n°31 chap. Nord-Est)

J15 - 17. Pratique des arts martiaux énergétiques : qi gong, taiji quan et yoga (n°43 chap. Sud). Baignade dans les sources thermales du parc Raksawarin et relaxation au spa (n°52 chap. Sud)

Les vestiges du passé

J1 - 3. Embarquement à bord d'un bateau le long du fleuve Chao Praya pour rejoindre la ville d'Ayutthaya. Exploration du fabuleux site archéologique (n°28 chap. Centre)

J4 - 6. A vélo, découverte des ruines de la première capitale siamoise (n°47 chap. Nord)

J7 - 8. Observation des fossiles de dinosaures et visite du musée (n°13 et 17 chap. Nord-Est)

J9. Séjour chez l'habitant au Ban Prasat, flânerie dans le village, au cœur du musée en plein air (n°20 et 39 chap. Nord-Est)

J10. Immersion dans le magnifique sanctuaire de l'empire khmer (n°20 chap. Nord-Est)

Multi-activités

J1. Pratique de l'aérobic sur un rythme thaïlandais (n°15 chap. Centre). Dans la peau d'un détective pour déchiffrer les énigmes et s'échapper… (n°13 chap. Centre)

J2 - 3. Soin des éléphants (n°43 chap. Centre)

J4 - 5. A vélo… dans les villages et rizières (n°49 chap. Nord)

J6 - 7. Cuisine à la ferme et dégustation de vos mets. Peinture d'une ombrelle de soie (n° 10 et 11 chap. Nord)

J8 - 10. Impulsion d'une seconde vie aux matériaux (n°16 chap. Nord). Apprentissage de la jonglerie, de l'équilibre, de l'acrobatie… (n°23 chap. Nord)

J11 - 12. Rafting sur la rivière Pai et camping en pleine jungle (n°25 chap. Nord)

J13 - 14. Balade à cheval au cœur d'une nature verdoyante (n°38 chap. Nord)

J15 - 16. Randonnée en pleine jungle au parc national Khao Sok (n°16 chap. Sud)

J17-18. Escalade des falaises de Railay (n°48 chap. Sud)

J19 - 20. A votre pagaie dans la baie de Phang Nga et exploration des fonds marins (n°51 chap. Sud)

La route de l'artisanat

J1. Découverte des méthodes de production du vinaigre de bois (n°16 chap. Centre)

J2 - 3. Parcours au cœur de la région agricole de Kanchanaburi et participation à des ateliers créatifs (n°44 chap. Centre)

J4 - 5. Observation des artistes à l'œuvre dans la création de statues de Bouddha (n°52 chap. Nord). Visite des artisans à la boiserie de Sukhothai (n°51 chap. Nord)

J6. A la rencontre des femmes thaïlandaises dans leur atelier de tissage et de teinture (n°15 chap. Nord)

J7. Regard sur la confection de produits cosmétiques à base de graines de sésame (n°28 chap. Nord)

J8 - 9. Exploration à vélo des villages de potiers et fondeurs (n°36 et 37 chap. Nord-Est)

J10 - 11. En quête des trésors cachés dans l'immense jardin (n°28 chap. Nord-Est)

J12. Découverte des étapes de fabrication artisanale d'une poupée thaïlandaise, vannerie… (n°26 chap. Centre)

Magazine

Le pays en quelques mots

La monarchie thaïlandaise

▶ Sa majesté Bhumibol Adulyadej ou Rama IX
Son nom signifie « Force de la terre et pouvoir inégalé ». Le souverain au règne le plus long a été couronné en 1946. Le Roi et la Famille Royale font l'objet d'un profond respect. Leurs portraits sont affichés partout : sur les façades des bâtiments, dans les restaurants et commerces, à l'intérieur des maisons. L'hymne national est joué dans de nombreux endroits publics à 8 heures et à 18 heures : arrêtez alors ce que vous faites, et tenez-vous debout.
Les billets de banque et les pièces sont à l'effigie du Roi, traitez les avec respect, ne marchez pas dessus ! Son anniversaire, le 5 décembre, et celui de la reine, le 12 août, ainsi que le jour de son couronnement, le 5 mai, sont grandement célébrés.
Au cœur de la politique du royaume, la situation est régulièrement très tendue entre les partisans du gouvernement, les « chemises rouges », et ses adversaires, les « chemises jaunes ». Fin 2013 et début 2014, des manifestations anti-gouvernementales ont secoué les grandes villes et appelé à la démission de la première ministre pour rétablir une véritable monarchie.

▶ Un roi très actif
Le roi bénéficie d'un soutien populaire important. Il est allé à la rencontre de la population, y compris dans les zones rurales les plus reculées de la Thaïlande, pour l'aider à surmonter les difficultés et promouvoir une meilleure économie. Il attache beaucoup d'importance à la préservation et à la protection de l'environnement naturel du pays. Il encourage l'agriculture locale et biologique auprès des petits producteurs agricoles. Des illustrations pratiques, telles que sa ferme bio et des centres d'apprentissage, sont implantées dans plusieurs régions. 4 centres de recherche et 34 centres de développement ont été créés pour soutenir les fermiers dans la sélection des récoltes, l'amélioration de la gestion de la ferme et la préservation de l'environnement.

Les projets royaux

Le Roi a lancé une multitude de projets financés par des fonds privés, qui furent grandement profitables aux communautés. En 1970, le premier projet Doi Tung, couronné de succès, a permis d'introduire la culture du café et des noix de macadamia comme substitut à la culture du pavot pour les ethnies montagnardes du Nord. Les impacts sociaux et environnementaux sont très positifs : lutte contre l'opium, hausse du niveau de vie des tribus, préservation des cultures tribales, éducation des jeunes, reforestation et recyclage. La marque Doi Kham (« Doi » pour montagne et « Kham » pour or) commercialise des produits achetés aux tribus des collines, garantissant fraîcheur et qualité pour les consommateurs. Plusieurs enseignes sont déployées sur l'ensemble du pays. Récemment, la princesse a financé une campagne d'accès gratuit aux préservatifs afin de lutter contre le Sida.

L'architecture thaïlandaise

Maisons et monuments reflètent les influences culturelles et religieuses, les coutumes et le mode de vie du pays.

Le patrimoine architectural

Site archéologique Khmer de Phimai

L'héritage architectural thaïlandais porte des empreintes très variées. L'influence des pays frontaliers sur le style est grande : les temples de la région nord, avec leurs multiples toitures, reflètent l'architecture birmane. Au centre les toits sont très pentus, l'Isan se caractérise par son style khmer, la région sud, aux apparences coloniales, est marquée par l'influence malaise. Les sites historiques de Sukhothai et Ayutthaya sont des chefs-d'oeuvre du premier style architectural siamois.
Les temples au design et au style raffinés abondent en Thaïlande et cachent de nombreux symboles : le mythique serpent Naga, le bouton de lotus, les statues de Bouddha, les chedis…
La capitale Bangkok compte plus de 400 temples bouddhistes. Ces joyaux architecturaux sont généralement composés de plusieurs bâtiments : un bôt, la salle de prière la plus sacrée, un chedi de

forme conique, abritant les reliques de Bouddha et un wihan dédié au rassemblement des moines pour les prières, renfermant les représentations de Bouddha. D'autres pièces peuvent être disposées aux alentours : bibliothèque, clocher, crématorium...
Une visite du Muang Boran donne un large aperçu de la richesse architecturale thaïlandaise.

▶La maison traditionnelle

L'habitat traditionnel thaïlandais est ingénieusement pensé : en bois ou en bambou, il est construit sur pilotis, ce qui permet de préserver la maison des inondations pendant la mousson, mais également d'éviter l'intrusion d'insectes et de reptiles. L'espace situé sous la maison est utilisé pour ranger les outils, stocker le bois et abriter les animaux. Il fait également office de garage pour motos et vélos. Pendant la saison sèche, les Thaïlandais s'y installent pour tisser, le temps d'une sieste, ou pour cuisiner à l'abri de la chaleur. Les murs sont souvent faits de palmes tressées, les sols recouverts de nattes et les toits en feuilles de palme. Le premier étage est accessible par un escalier menant à une petite terrasse abritée par une toiture, sous laquelle les repas sont pris. A l'intérieur se trouve la pièce centrale, parfois délimitée par une moustiquaire préservant l'intimité des parents. Les enfants dorment ensemble sur une natte. Un petit espace est dédié à la cuisine et aux rangements. Quant à la « salle de bain », elle est souvent à l'extérieur, simple jarre remplie d'eau de pluie ou du fleuve avoisinant.
Ces habitations antiques sont encore très répandues dans le pays, notamment aux abords des cours d'eau, dans les villages et au milieu des rizières. Résider chez l'habitant est la meilleure façon d'apprécier ces maisons traditionnelles.

Thaïlande, terre de contrastes

La Thaïlande présente de multiples facettes, les extrêmes y cohabitent : modernité et tradition rurale, richesse et pauvreté, touk touk et voiture moderne, gratte-ciel et maison traditionnelle, temple et night-club, aridité et végétation luxuriante... le tout suscitant étonnement et émerveillement.
Trépidante mégalopole, Bangkok, avec ses imposants buildings, son trafic permanent, sa « street food », son réseau de transport, ses centres commerciaux, symbolise la ville en pleine expansion. Cette cité dynamique abrite industrie et services administratifs. Ses nombreux trésors culturels fascinent le visiteur.
Au-delà de la capitale, le royaume du Siam recèle des splendeurs naturelles : montagnes, rivières, plaines, forêts, rizières, îles paradisiaques aux eaux turquoise... Dans les campagnes, de nombreux

villages pittoresques vivent au rythme des coutumes et des traditions. Les agriculteurs réalisent le travail manuellement, les artisans reproduisent les techniques ancestrales, poules et cochons côtoient librement les habitants.

La culture du riz

La Thaïlande regorge de magnifiques rizières verdoyantes, qui s'étendent à perte de vue. C'est l'un des premiers producteurs mondiaux de riz, céréale de base consommée trois fois par jour par les Thaïlandais. Cette matière première sert également à fabriquer de la farine, des nouilles ou encore de l'alcool de riz. Il en existe de nombreuses variétés, les plus répandues étant le riz long, léger et généralement parfumé au jasmin et le riz gluant, aux grains plutôt courts façonnés en boulette pour être dégustés. Avant la mousson se déroule le festival des fusées pour implorer le ciel de l'abondance en eau. La culture du riz débute, à la saison des pluies, par le semis à la volée de graines dans des parcelles rectangulaires. Quelques semaines plus tard, ces pousses d'une vingtaine de centimètres sont retirées et repiquées dans les rizières. Ces dernières sont généreusement inondées via un système d'irrigation alimenté par les canaux sur lesquels sont ramifiés des rigoles et des points d'ouverture pour réguler le débit. Au bout de quelques mois arrive la récolte, les moissonneuses batteuses prennent le relais sur la découpe manuelle à la faucille. Les épis sont battus pour extraire leurs grains, qui seront triés et séchés au soleil. Le festival des lanternes, Loi Krathong, célèbre la fin de la saison des pluies. Les récoltes de riz peuvent avoir lieu jusqu'à trois fois dans l'année. Des actions de sensibilisation sont réalisées afin de limiter le nombre de plantations et ainsi préserver la richesse des terres en sédiments et favoriser les cultures alternatives.

Paysage de rizière

La cuisine thaïlandaise

La Thaïlande est réputée pour sa gastronomie. Sa cuisine est riche, raffinée et haute en couleurs. Ses terres propices à l'agriculture offrent une grande variété de végétaux, céréales et viandes de qualité, reconnus pour leurs vertus. Herbes aromatiques et épices subtilement combinées aux saveurs sucrées, amères, salées et pimentées incitent à la créativité.

▶ Le traditionnel repas thaïlandais

Autrefois, les Thaïlandais mangeaient avec les doigts, le plat posé sur une natte. Désormais, le repas thaïlandais est consommé avec une fourchette pour pousser et une cuillère pour porter les aliments à la bouche. Les baguettes sont utilisées pour manger les nouilles. Chez l'habitant, c'est assis sur une natte en paille tissée que les plats, disposés sur une petite table d'appoint, sont dégustés.
Selon la coutume, les Thaïlandais prennent 3 repas par jour, en compagnie de plusieurs personnes. Plus le nombre de convives est important, plus nombreux sont les plats. Car le repas est un moment de plaisir et de partage !
Le repas typique thaïlandais est composé d'une soupe, un curry, un plat sauté ou frit et de riz parfumé. Une variété de condiments et sauces permet d'assaisonner à la convenance. Tous les plats sont servis et mangés en même temps.
Laisser un petit peu de riz dans son assiette indique que vous êtes rassasié. Une assiette vide appelle un autre plat.

▶ Le plat national

Le pad thaï, littéralement « friture de style thaïlandais », est un symbole de la cuisine thaïlandaise. Il est servi dans tous les restaurants ou les échoppes de rue. Ce plat a fait son apparition avec la réduction de la consommation de riz dans le pays. Ainsi, pour promouvoir la production de pâtes de riz, le gouvernement a popularisé ce mets.
Ce plat est composé de nouilles de riz auxquelles on ajoute les protéines de son choix : poulet, bœuf, porc, crevette ou façon végétarienne avec du tofu. Faites votre propre combinaison !

▶ Les spécialités culinaires par région

Les pays frontaliers ont une forte influence sur les spécialités culinaires de la Thaïlande. Les recettes thaïlandaises diffèrent d'une région à une autre.

La cuisine centrale combine plusieurs saveurs : salée, sucrée, pimentée. Le riz cuit à la vapeur accompagne les plats. Les desserts traditionnels sont à base de farine de riz, de noix de coco et de fruits agrémentés de sirop et de glace pilée.

Les spécialités de la région centre :
Tom Yam : une soupe épicée aromatisée à la citronnelle avec du poulet ou des fruits de mer.
Tom Kha : un Tom Yam au lait de coco.
Geng Kiao Wan : viande ou boulettes de poisson, accompagnées d'un curry vert sucré réalisé à base de piments et de basilic thaï.

Au Nord, les plats, influencés par la cuisine birmane, sont plus doux. Les locaux préfèrent le riz gluant, qu'ils roulent en boulette. Le buffle et le porc sont les principales viandes consommées.

Les plats du Nord :
Naem : saucisses de porc au piment vert.
Khao Soi : mets composé de nouilles aux œufs servies avec une sauce au curry, de la viande, des oignons et du citron vert.
Geng Hang Lay : un curry birman au porc au tamarin et sans piment qui se mange normalement avec du riz gluant.

La cuisine du Nord-Est, dérivée de celle du Laos, est plus forte, plus salée, plus aigre. Le riz glutineux est servi dans un récipient en oseille. Le Pla-ra, poisson fermenté, est servi en accompagnement. Les insectes, sauterelles grillées, grillons, scorpions, sources incomparables de protéines, sont souvent consommés dans cette partie du pays.

Les plats de l'Isan :
Som Tam : une salade épicée à base de papaye verte, avec de l'ail, des tomates, des haricots verts, du jus de citron et de la sauce de poisson.
Laap : plat élaboré à base de viande émincée aromatisée au piment, oignon, menthe et jus de citron.
Gai Yang : poulet mariné et grillé.

C'est au Sud que les plats sont les plus relevés. Le goût amer du sa-taew est l'autre trait identitaire de la cuisine sudiste. Poissons et fruits de mer abondent dans cette région côtière, ils sont souvent préparés avec de nombreuses herbes et épices, ail, citronnelle, piments, menthe, cumin, basilic ou coriandre et cuits au barbecue.

Les spécialités sudistes :
Gaeng Tai Pla : soupe avec des viscères de poisson au curry, piments et pâte de crevette.
Massaman : curry sucré à base de viande avec de la crème de noix de coco et des cacahuètes.
Goung Ga-thi Nor Mai Sod : crevettes et racines de bambou dans une soupe à la noix de coco.
Khao Yam : salade de fruits et légumes épicée accompagnée d'une sauce de poisson.

L'artisanat

L'artisanat thaïlandais est riche et traditionnel. Les techniques artisanales, dont la peinture et la sculpture, sont utilisées pour créer une large palette d'accessoires faits main.
La Thaïlande est avant tout le pays du textile. Motifs et couleurs sont les signes distinctifs de la région d'origine.
La soierie thaïlandaise, très renommée, est omniprésente : cousue en sarong pour les hommes et en patung, jupe traditionnelle nouée à la taille pour les femmes, elle sert également à confectionner coussins, sacs à main, étoles, nappes...
L'ombrelle en papier huilé, décorée de motifs multicolores sur la face extérieure, est une tradition qui se perpétue dans le village de Bo Sang.
Une grande variété d'objets est produite selon le savoir-faire ancestral. Les essences locales de bois, teck, bois de rose, rotin, sont utilisées pour créer le mobilier et les figurines, l'argenterie pour la création de récipients et objets décoratifs, la vannerie pour les paniers et boites à riz, la céramique et la poterie peintes à la main pour fabriquer jarres et céladons...
De belles matières mises en valeur par les artisans !

▶ Le talent des artisans

Les plus belles collections de broderies, vêtements, bijoux... sont créées dans les villages, principalement ceux des tribus montagnardes. Chaque objet, fait main, est unique et nécessite plusieurs heures de travail. C'est une activité complémentaire très répandue, qui se pratique de génération en génération. Les centres d'artisanat, répartis dans toutes les régions du pays, proposent des rencontres avec les artisans et des ateliers d'initiation aux procédés de fabrication traditionnels. Les échoppes alentours ou les boutiques OTOP présentent le fruit de leur travail à travers une sélection d'objets colorés, caractéristiques du style thaïlandais. La consommation équitable permet aux producteurs de vivre dignement de leur travail. De nombreuses idées pour acheter des souvenirs et des cadeaux !

▸Les femmes tisserandes

Dans le passé, en l'absence de l'homme de la maison, les femmes prenaient en charge la famille en développant de petits commerces, sources de revenus.

Ainsi, aux commandes des ateliers de tissage se trouvent principalement des femmes, qui présentent fièrement les techniques traditionnelles allant de l'élevage des vers à soie jusqu'à la teinture, en passant par le tissage et la broderie. De nombreuses associations promeuvent l'artisanat traditionnel et le développement des femmes. Aussi, des activités telles que la formation et l'éducation sont-elles assurées pour valoriser les techniques et le savoir faire des femmes tisserandes. Ces valeurs communautaires sont également partagées par des femmes réfugiées ou des veuves : le bénéfice des ventes leur revient directement.

Le rôle de la femme

La commercialisation de produits artisanaux procure aux femmes un revenu et par là même une certaine autonomie. Les Thaïlandaises contribuent pleinement à la vie familiale. Le rôle de la femme est de transmettre une éducation et des valeurs aux enfants, notamment le sens de la hiérarchie familiale. Au foyer, elle assume les tâches ménagères quotidiennes et participe aux décisions familiales. Elle est garante du budget et gère les dépenses en fonction de la composition de la cellule familiale, qui compte généralement ses parents voire ses grands-parents. Car les familles thaïlandaises sont soudées : trois ou quatre générations cohabitent sous le même toit, ce qui permet à la femme de se rendre disponible pour travailler à l'extérieur de la maison. L'accès au système éducatif amène de plus en plus de femmes à des postes à responsabilité, principalement dans les services administratifs.

Un séjour chez l'habitant offre un aperçu unique de la vie familiale thaïlandaise.

Les tribus

La diversité ethnique

Le royaume du Siam compte 38 minorités ethniques, vivant pour la plupart dans les villages de montagne. Chacune possède ses propres traditions, coutumes, langages et une organisation sociale spécifique. Autrefois, la culture de l'opium, principale activité du triangle d'or, était leur source de revenu. Grâce au projet royal Hill Tribes, les tribus cultivent fruits, légumes et café. Les femmes, quant à elles, confectionnent des produits artisanaux : sacs, étoffes, bijoux...

Principalement originaires de Chine ou du Tibet, les indigènes ont émigré en Birmanie, au Laos et au Vietnam avant de venir s'installer dans les collines du Nord de la Thaïlande.

Les 6 ethnies les plus importantes sont les Hmongs, les Karens, les Lisus, les Lahus, les Miens et les Akhas.

Les femmes girafes

Littéralement appelées Padaung, elles sont originaires de Birmanie et ont un statut de réfugié politique en Thaïlande. Elles sont rattachées à la minorité des Karens.

La tribu des « longs cous » se distingue par le collier spiral en laiton enroulé à leur cou. Cet ornement est considéré comme critère de beauté. La tradition se perpétue encore de nos jours de mères en filles. Dès l'âge de 5 ans, les fillettes commencent à porter ces bijoux, des anneaux sont ajoutés au fil de leur croissance.

Les femmes sont montrées comme des bêtes curieuses dans des villages parfois reconstitués. Elles sont exposées au voyeurisme et profitent au tourisme thaïlandais, pour le plus grand bonheur des tour-opérateurs. Une maigre partie des revenus leur est reversée...
D'un autre côté, leur sort semble meilleur qu'en Birmanie...

Découvrir les ethnies

Les régions reculées, généralement au Nord de la Thaïlande, incitent à la rencontre des ethnies : moins influencées par le développement du pays, elles ont su préserver toutes leurs coutumes ancestrales. De nombreuses randonnées et descentes en radeau permettent de découvrir montagnes et villages avoisinants. Le séjour dans les maisons traditionnelles facilite l'immersion au sein

Femme Girafe

des tribus et l'initiation aux pratiques de la vie rurale, à travers la préparation des repas, l'artisanat, la culture du riz... Votre participation sera plus bénéfique pour les communautés.

▶Les vêtements traditionnels

Dans la vie de tous les jours, les Thaïlandais s'habillent avec des vêtements à l'occidentale, en fonction des saisons. Pour les fêtes et les cérémonies, ils revêtent les habits traditionnels du pays, symboles de leur culture régionale et de leur savoir-faire local. La Thaïlande possède une grande variété de costumes traditionnels reconnus pour leur beauté, leur originalité et leur technique de fabrication. Bijoux et broderies accentuent leur élégance.
Les tenues traditionnelles sont réalisées avec de la soie, du coton et parfois du chanvre. Au Nord, un textile plus épais est utilisé car les températures sont plus fraîches. Les femmes portent le sarong, un morceau de tissu rectangulaire entouré autour de leur taille. Les hommes sont vêtus d'une tunique au col chinois et d'un pantalon fluide.
Les moines bouddhistes sont facilement reconnaissables par leur tenue, le kesa aux nuances safranées. La robe est généralement composée de plusieurs pièces assemblées.

▶Les costumes des tribus

Les tribus montagnardes, très attachées à leur culture, se distinguent par leurs costumes aux couleurs chatoyantes, qu'elles tissent et teignent elle-même.

▶Les Hmongs

La base de la tenue vestimentaire des femmes est composée d'une jupe plissée arrivant au genou, d'une ceinture en tissu faisant plusieurs fois le tour de la taille, d'un tablier rectangulaire tombant jusqu'au tibia, d'un plastron dans le dos et d'une veste aux manches amples.
Chacune des pièces tissées à la main, en chanvre ou en coton, est ornée de broderies colorées, de perles ou de pièces de monnaie. De plus, colliers et bracelets de fabrication artisanale sont arborés, signes de richesse.
La tenue des hommes est plus simple : une veste noire ou bleue aux manches larges, un pantalon ample noué avec une ceinture riche en broderie. Ils portent eux aussi des bijoux en argent.
Chaque minorité hmong se différencie par la couleur de ses costumes et de ses coiffes.
Une visite des tribus montagnardes et du Tribal Museum vous donnera un aperçu des différents textiles utilisés par les communautés.

▶Les dialectes

La langue thaïlandaise a été influencée par les contrées voisines. Certains mots proviennent d'autres peuples tels que les Birmans, les Chinois, les Khmers, les Malais ou encore les Indiens.
Le thaïlandais appartient au groupe ethnolinguistique thaï-kadai. L'alphabet syllabique est constitué de 44 consonnes et 32 voyelles. On distingue 5 tons : ascendant, descendant, haut, médian et bas. Ainsi, un seul mot peut avoir cinq significations différentes suivant le ton avec lequel il est prononcé. Exemple : « Maa » signifie venir, cheval ou chien en fonction de l'intonation utilisée.
Chaque région possède son propre dialecte. La langue officielle est le thaï central ou siamois. Il est compris dans toutes les régions, enseigné à l'école ou utilisé dans les émissions télévisées. Sa pratique peut différer en fonction du contexte social : thaï royal, thaï de rue, thaï religieux...
Il existe ensuite des patois locaux : le muang, parlé dans le Nord du pays, le thaï Isan, proche du lao et le pak tai, utilisé dans le sud. L'usage de l'anglais est répandu, particulièrement dans les grandes villes. La signalisation routière en thaïlandais et en anglais est quasiment généralisée. Hors des sentiers battus, les locaux peineront à saisir vos paroles. La connaissance de quelques rudiments thaïlandais permettra de tisser des liens encore plus chaleureux et enrichira vos échanges. Apprenez à compter, vous en serez récompensé lors des phases de marchandage. Pour les plus motivés, de nombreux sites internet ou institutions proposent des cours de thaïlandais.

▶Le salut « Wai »

En Thaïlande, on ne serre pas la main. Le Wai est le salut traditionnel thaïlandais, lié à la culture bouddhique. Les deux paumes de mains sont jointes, au niveau de la poitrine, une légère flexion du buste ou de la tête est esquissée. Plus les mains sont hautes et la tête inclinée, plus grand est le respect :
Au niveau du torse : pour quelqu'un de plus jeune ou d'une catégorie sociale moins élevée.
Au niveau du menton : pour une personne du même âge ou de même catégorie sociale.
Au niveau du nez : vers une personne plus âgée, le plus jeune initiant le Wai, ou d'un niveau social plus élevé.
Au niveau du front : pour les moines, Bouddha ou les membres de la famille royale, qui ne sont pas tenus de répondre à un Wai.
Il est également utilisé pour remercier, montrer son respect ou encore pour s'excuser, par exemple si vous bousculez ou marchez sur le pied de quelqu'un.

Si quelqu'un vous salue en faisant le geste du Wai, il est de bon ton d'y répondre de la même façon, sauf s'il s'agit d'un enfant ou d'une personne à votre service (serveur, hôtelier, chauffeur...), faites lui alors un sourire ou un petit signe de la tête.
Si le geste est maladroit, il ne vous en sera pas tenu rigueur, vos efforts seront appréciés.

Respect et savoir vivre

Les Thaïlandais, accueillants et tolérants, accordent une grande importance à la politesse et à la manière de se comporter. Le respect des traditions et de la culture thaïlandaise est primordial. Quelques rudiments sur les us et coutumes permettent d'adapter son comportement à l'égard des locaux et d'adopter certaines règles de savoir-vivre local. Votre séjour sera ainsi plus agréable et intéressant.

- Garder son calme et sourire : faire perdre la face à un Thaïlandais est très irrespectueux, n'élevez pas la voix, même dans les situations les plus révoltantes.
- Retirer ses chaussures : avant d'entrer dans un temple, dans une maison ou certains commerces. Un tas de chaussures à l'entrée vous rappelle à l'ordre.
- Ne jamais toucher la tête d'autrui : c'est la partie la plus sacrée du corps, le siège de son âme.
- Veiller à ne pas pointer ses pieds vers quelqu'un, surtout vers une statue de Bouddha, c'est la partie la moins noble du corps.
- Avoir une tenue correcte : les Thaïlandais font très attention à leur hygiène corporelle et à leur tenue vestimentaire. Habillez-vous décemment : vêtements couvrant les genoux et les épaules, notamment dans les zones rurales et les édifices religieux.
- Éviter les gestes d'affection dans les lieux publics : bisous et câlins mettent mal à l'aise les Thaïlandais, ils sont très pudiques.
- Demander la permission avant de prendre des personnes en photo.
- Les femmes ne doivent pas toucher un moine bouddhiste, ne jamais s'asseoir à ses côtés dans les transports publics.
- Respecter toute représentation de Bouddha : ne montez pas dessus, ne vous faites pas prendre en photo devant. Pour éviter de diriger ses pieds vers une statue, asseyez-vous et repliez les jambes sur le côté, les pieds vers l'arrière.
- Éviter toutes critiques ou manque de respect à l'égard du pays et de la monarchie.

Accepter ces coutumes sans signe d'agacement sera tout à votre honneur.

N'oubliez pas de garder le sourire

Respect de la nature

Préservation de la flore

La végétation est dense en Thaïlande et recouvre une bonne partie du territoire. Ce pays tropical regorge en effet de réserves naturelles et forestières, parcs nationaux et jardins botaniques.

▶Les forêts

Démographie et urbanisation ont un lourd impact sur la déforestation. L'augmentation de la population a nécessité une évolution des rendements agricoles, et le développement de l'agriculture se fait au détriment des surfaces boisées.
La déforestation engendre des dysfonctionnements de l'écosystème : appauvrissement des sols, instabilité, remontée des nappes phréatiques... Le gouvernement thaïlandais a pris conscience de la gravité de la situation et a interdit l'exploitation de bois brut et de certaines essences. Des actions de sensibilisation de la population, encourageant notamment la pratique de nouvelles méthodes agricoles et le reboisement, ont été menées afin de protéger les forêts. Malgré la menace de sanctions plus sévères, la déforestation illégale, accentuée par la corruption des autorités, persiste.

▶Les mangroves

Entre terre et mer, les palétuviers sont un immense réservoir en matière de biodiversité, indispensable au développement de l'écosystème. La mangrove joue un rôle fondamental : c'est une barrière protectrice contre les tempêtes tropicales et les tsunamis, habitat naturel pour de nombreuses espèces animales et végétales. Réchauffement climatique et montée des océans menacent de détruire la mangrove. Autre phénomène accélérant la disparition des forêts de palétuviers : l'aquaculture intensive pratiquée par les communautés locales, qui est une source de revenu financier importante, avec notamment l'exportation de crevettes. De nombreuses institutions s'impliquent dans la conservation des forêts de mangrove et multiplient leurs efforts pour reboiser les zones intertropicales.

▶Les récifs coralliens

Îles aux plages d'un blanc immaculé et parcs maritimes nationaux sont entourés de coraux multicolores et de myriades de poissons. Le réchauffement des eaux

menace les récifs de corail : la chaleur provoque la perte de couleur des coraux, littéralement appelée blanchiment.
Ce phénomène entraîne la disparition d'une algue vivant à l'intérieur des tissus coralliens. Par ailleurs, ces magnifiques fonds marins suscitent une forte attraction touristique : le mouillage des bateaux parmi les récifs affecte également cet écosystème fragile. Les autorités prennent parfois la décision de suspendre l'activité de plongée sous-marine et de fermer l'accès aux îles pour permettre aux récifs coralliens de se régénérer. De plus, des sites d'ancrages supplémentaires ont été mis en place dans des zones vierges de coraux. Des associations se penchent sur le sujet pour trouver des solutions pour préserver les récifs : sessions de sensibilisation auprès des pêcheurs, étude de la biodiversité des récifs, nettoyage des débris et des filets de pêche…
Le tourisme vert se développe et des missions d'éco-volontariat incitent les voyageurs à contribuer à la réhabilitation de cet écosystème en péril.

▶ Préservation des animaux

La Thaïlande, couverte par de nombreux parcs nationaux et réserves naturelles, abrite une faune incroyablement variée. Les récifs coralliens sont également d'une extrême diversité.
Toutefois, l'expansion de la population et l'avancée des villes mettent en péril cette riche biodiversité.
Par ailleurs, l'attraction touristique que suscitent de nombreuses espèces animales perturbe leurs conditions de vie et par là-même leur reproduction : gibbons servant de modèles photos, trek à dos d'éléphants, allaitement d'un bébé tigre…
De plus, ils sont exposés au braconnage et au trafic d'espèces protégées : l'éléphant pour son ivoire, les carapaces de tortues pour la fabrication de bijoux, l'ours pour la bile servant d'aphrodisiaque…
Heureusement, de nombreuses initiatives ont vu le jour pour protéger ces espèces en danger et les réintroduire dans leur milieu naturel.

▶ Le royaume des éléphants

L'éléphant est le symbole sacré de la culture thaïlandaise. Jusqu'en 1917, un éléphant blanc sur fond rouge figurait sur le drapeau national. Selon la légende, cet éléphant blanc, symbole de paix et de prospérité, aurait fécondé la mère de Bouddha pour donner naissance au grand sage.
Une journée nationale est consacrée aux éléphants le 13 mars. Un énorme buffet de fruits leur est offert. Durant le 3ème week-end de novembre, les pachydermes sont à l'honneur lors du festival

des éléphants à Surin (région de l'Isan). Au cœur de la ville, fruits, légumes, cannes à sucre... sont mis à disposition des éléphants. C'est un spectacle surprenant : défilés costumés, numéros de cirque, reconstitution de batailles... A cette occasion, les hôtels sont pris d'assaut, pensez à réserver à l'avance.

Camps pour éléphants

Les éléphants, comme bien d'autres animaux, peuvent être observés en captivité ou à l'état sauvage. En Thaïlande, on dénombre plus d'éléphants domestiqués que d'éléphants sauvages. Aujourd'hui, bien que vénérés, les éléphants de Thaïlande doivent lutter pour leur survie, et leur population est en constante régression. La priorité est de soigner et sauver les éléphants domestiqués victimes de maltraitance (surexploitation, sous-alimentation). Nombreux sont les camps proposant des balades à dos d'éléphants, pratique néfaste pour la morphologie de ces animaux. Aussi est-il préférable de leur consacrer du temps pour contribuer à leur bien-être. Pour cela, des associations, militant pour la sauvegarde de ces pachydermes, proposent des activités ludiques au contact de ces animaux : baignade dans la rivière, toilettage, préparation de leur repas... Une belle occasion de rencontrer et d'interagir avec mahouts et éléphants dans leur milieu naturel.

Les excréments d'éléphant recyclés en papier

L'éléphant, herbivore, mange entre 200 et 300 kg de nourriture par jour et évacue jusqu'à 50 kg de bouse. Le crottin récupéré est lavé à grande eau, bouilli pendant quelques heures afin d'éliminer les bactéries. La substance est mixée pour obtenir une pâte homogène qui est ensuite segmentée en boule. Chaque pâton est étendu sur des cadres et lissé à l'aide d'une raclette. Les plaques sont ensuite exposées au soleil pour sécher. Les feuilles stockées en piles sont prêtes à l'usage, pour diverses créations.

Elephant Nature Park

La gestion des déchets

La croissance économique du pays génère une quantité grandissante d'ordures, difficile à maîtriser. Autrefois, les déchets étaient enfouis. Désormais, la prise de conscience des bénéfices du recyclage amène le gouvernement à encourager le tri des détritus. Une campagne a été lancée pour inciter les locaux à apporter les matériaux recyclables vers les centres de tri. Une coopérative d'échange a été mise en place pour aider les plus démunis : les déchets recyclables sont ainsi collectés et échangés contre des denrées alimentaires et des produits d'hygiène et d'entretien. Une bonne initiative qui permet d'améliorer le sort de ces personnes, et un bienfait pour l'écologie. Ne soyez pas surpris de voir les locaux fouiller les poubelles.

Collecte, tri, recyclage ou encore utilisation du compostage des déchets organiques peuvent être des pratiques courantes dans certains établissements (hébergements, restaurants, activités) qui se sentent concernés. Ils organisent des actions de sensibilisation auprès des locaux : bonne gestion des déchets, sessions de ramassage des ordures sur les plages.

Ces gestes ne sont pas encore généralisés dans le pays, notamment dans les villages reculés et les îles. Pensez à ramener vos déchets sur le continent ! En tant que visiteur responsable, nos réflexes quotidiens doivent être perpétués et exemplaires.

▶ Limiter ses déchets pendant son séjour

Certains hôtels mettent à disposition des bouteilles d'eau en verre ou des bonbonnes d'eau, profitez-en pour rechargez votre gourde. L'eau fraîche en carafe mise à disposition à table dans les restaurants est potable, consommez-la sans modération. En pique-nique, emportez de la vaisselle et des couverts réutilisables. Achetez des fruits au détail plutôt que conditionnés pour limiter l'emballage et le gâchis.

Les commerces thaïlandais offrent généreusement des sacs en plastique même pour un paquet de chewing-gum : refusez gentiment et préférez les sacs réutilisables comme le sac à dos.

Il n'y a pas de filière de recyclage pour les piles, utilisez plutôt des piles rechargeables.

Privilégiez les produits durables aux produits à usage unique.

Centre

La plaine centrale, frontalière à l'Est avec le Cambodge, est bordée à l'Ouest par la chaîne montagneuse birmane. Sillonnée par de nombreux canaux, cette région est, au cœur du pays, un véritable grenier à riz, la richesse nationale de la Thaïlande. Bangkok, au centre, offre un éventail unique de trésors culturels et artistiques. Ce territoire est extrêmement riche pour son patrimoine historique : de nombreux édifices et ruines témoignent de sa splendeur passée. Tout aussi envoûtantes, les plages de sable blanc, bordées de cocotiers, sont une invitation à la détente et à l'exploration des récifs de corail.

Les 5 meilleures adresses du Centre de la Thaïlande

- ✓ Prenez un bol d'air au Phranakorn Nornlen
- ✓ Détendez-vous le long de la mangrove au Blue Lagoon
- ✓ Goûtez à la fondue thaïlandaise au Im Jung Mookata
- ✓ Découvrez l'agro tourisme avec KTT
- ✓ Jouez dans la rivière avec les éléphants à Kanchanaburi

Chambre du Phranakorn Nornlen

Blue Lagoon

Jouez avec les éléphants

Nakhon Sa
42
35
33
46
Sangkhlaburi
38
Sai Yok
34
Kanchanaburi
44
43
39
36
45
40
37
48
41
47
16
3
Samut Songkhram
Prachuap
Khiri Khan

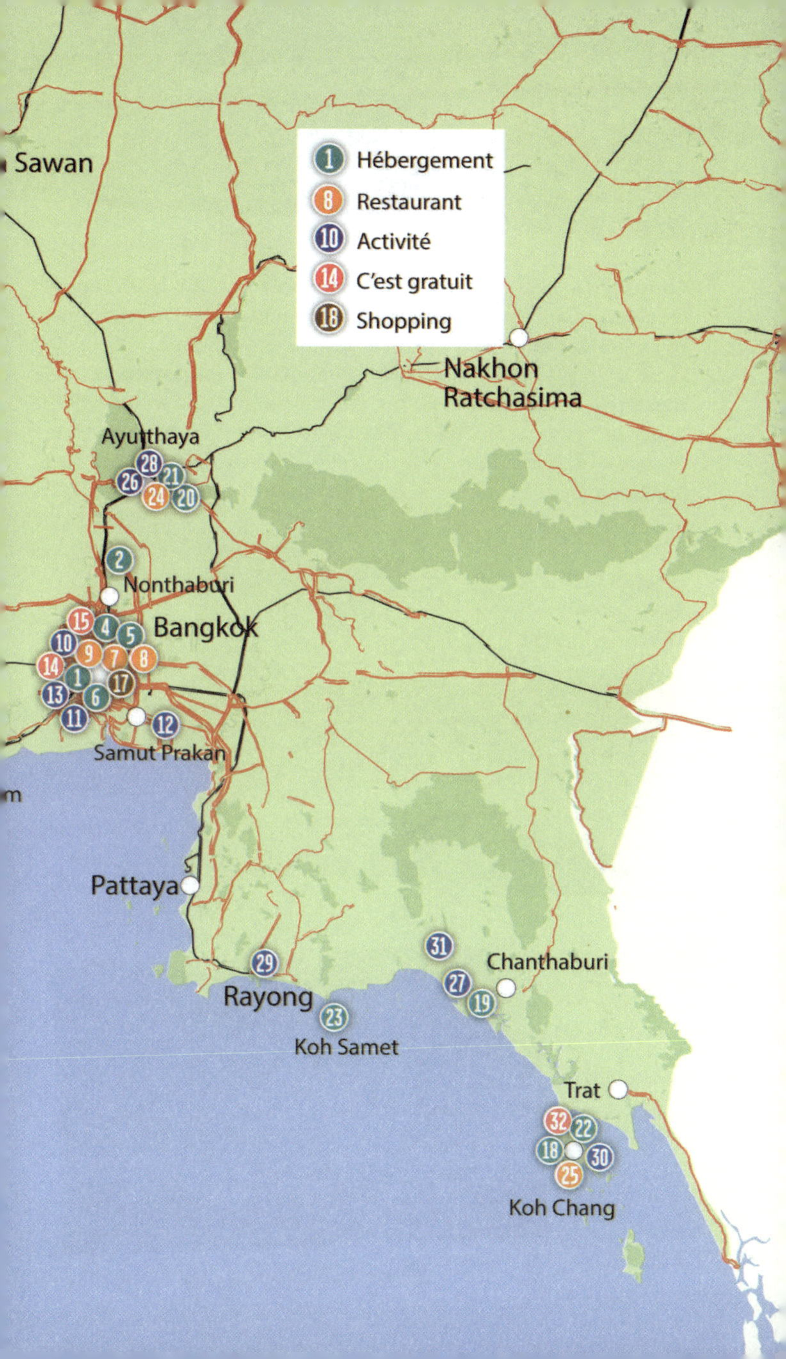

1 Hébergement
8 Restaurant
10 Activité
14 C'est gratuit
18 Shopping
Sawan
Nakhon
Ratchasima
Ayutthaya
Nonthaburi
Bangkok
Samut Prakan
Pattaya
Rayong
Koh Samet
Chanthaburi
Trat
Koh Chang

Bangkok

Bangkok, « village des oliviers sauvages » pour les farangs (occidentaux), est devenue rapidement une mégalopole hyperactive au cœur grouillant, mais fascinant. On s'y perd avec plaisir ! Imprévisible, Bangkok a su préserver ses mystères et ses lieux insolites, ses havres de paix inattendus. Ainsi, le fleuve Chao Praya, traversant la capitale, apporte une dynamique historique et culturelle. En flânant le long des canaux, partez à la découverte d'un mode de vie traditionnel.

Bangkok Wat Arun

Hébergements

€€€
Élégance
Personnalisé
Coloré

ADRESSE 46 Thewet Soi 1, Krunghasem Road, Bang-Khunprom, Bangkok
CONTACT phranakorn-nornlen.com 026 288188
TARIFS 2600 Baht / 2 pers

01 PHRANAKORN NORNLEN

Slow your life

Après une journée trépidante dans la ville de Bangkok, rien de mieux que le Phranakorn Nornlen, situé dans le vieux quartier de Bangkok, pour le repos de votre esprit et de votre âme. Chaque étage est un plaisir pour les yeux, chaque chambre est décorée de manière unique, le petit déjeuner délicieux et le service très attentionné. Afin de profiter pleinement des merveilles de ce lieu, les télévisions se fondent dans le décor mais ne fonctionnent pas pour laisser place aux loisirs proposés (peinture, fabrication de cosmétiques naturels, couture) ou simplement lire votre livre préféré, écouter de la musique, etc.

POUR L'ENVIRONNEMENT
Mise à disposition de bonbonnes d'eau et récipients pour réduire les déchets plastiques. Produits d'hygiène bio. Système de récupération des eaux.

POUR LES EFFORTS SOCIAUX ET CULTURELS
Profit de la boutique d'artisanat reversé au personnel. Les enfants des alentours sont souvent invités à participer à des ateliers avec les voyageurs.

Premier étage du Phranakorn Nornlen

02 THAI HOUSE
Un paradis tropical

€€€
Authenticité
Rencontre
Hospitalité

ADRESSE 32/4 Moo 8, Tambon Bangmaung, Amphoe Bangyai, Nonthaburi
CONTACT thaihouse.co.th
029 039611
TARIFS 1700 Baht / 2 pers

C'est dans une belle maison traditionnelle de style thaïlandais, construite en teck, que Pip et sa famille font vivre à leur visiteur une expérience à la thaïlandaise. Les chambres soigneusement décorées sont ouvertes des deux côtés, permettant une ventilation naturelle. Deux terrasses entourées d'une nature luxuriante offrent une symphonie pour les sens : le chant des moines et des oiseaux, les fleurs parfumées. De nombreuses activités sont proposées, qui vous permettront de découvrir la communauté.

POUR L'ENVIRONNEMENT
Habitation conçue pour minimiser la consommation électrique : lumière et fraîcheur naturelles

POUR LES EFFORTS SOCIAUX ET CULTURELS
Disposent de leur propre verger et culture de fruits et légumes bio, compost utilisé comme fertilisant

03 BAAN AMPHAWA RESORT & SPA
Plongez dans la beauté naturelle et la sérénité

€€€
Havre de paix
Relaxation

ADRESSE 22 Bangkapom, Kaewfah road, Muang Amphawa, Samut Songkhram
CONTACT baanamphawa.com
034 752222
TARIFS 3800 Baht / 2 pers

Niché dans un jardin tropical, Baan Amphawa offre des chambres spacieuses, confortables et décorées dans un style colonial « thaï » tout en bois. Ce complexe situé sur les bords de la rivière offre un point de départ idéal pour explorer les attractions avoisinantes. Faites l'expérience d'un pur moment de détente au spa et optez pour un massage aromatique ou un soin naturel à base de plantes. L'hôtel a reçu un label Green Leaf pour ses actions en faveur de l'environnement : recycle les déchets, lampes à économie d'énergie…

04 OLD CAPITAL BIKE INN
Perle cachée au milieu d'une ville animée

€€€
Cosy
Vélo
Charme

ADRESSE 607 Phra Sumen Road, Nakhorn, Bangkok
CONTACT oldcapitalbkk.com
026 291787
TARIFS 3590 Baht /2 pers

Le nom de cet hôtel transparait jusque dans la décoration : vélos vintages et pièces détachées, recyclés en objets de décoration, accessoirisent chaque pièce. Des bicyclettes sont mises à disposition gratuitement. Jason, passionné de cyclisme, organise des balades noctures. Les chambres, décorées par des peintures murales ludiques, évoquent le vieux Bangkok. Elles disposent d'une salle de bain à ciel ouvert. Nantiya anticipera tous vos besoins et répondra à toutes vos demandes. En plus, l'hôtel s'engage au quotidien à réduire son impact sur l'environnement.

05 ARUN RESIDENCE
Un bijou au bord du fleuve

€€€
Rivière
Reposant
Enchantement

ADRESSE 36-38 Soi Pratoo Nok, Maharat Road, Rattanakosin Island, Bangkok
CONTACT arunresidence.com
022 2191589
TARIFS 4000 Baht / 2 pers

Cet hôtel de charme est situé sur les rives du fleuve Chao Praya. Dans une maison thaï traditionnelle entièrement en teck, ultra raffinée, sont disposées 6 chambres spacieuses et joliment décorées. Les balcons des chambres et la terrasse du restaurant offrent une vue imprenable sur le temple Wat Arun. La localisation au cœur de la vieille ville permet d'avoir un bon point de départ pour une promenade sur les canaux, à la découverte de la cité des anges. Arun Residence a adopté des pratiques pour limiter l'impact de son activité sur l'environnement : bouteilles d'eau et produits d'hygiène dans des récipients en verre, changement des draps et serviettes à la demande du client, tri systématique des déchets.

€€€
Luxe
Élégance
Voluptueux

ADRESSE 21/100 South Sathon Road, Sathon, Bangkok
CONTACT banyantree.com
026 791200
TARIFS 4500 Baht / 2 pers

06 BANYAN TREE
Une vue époustouflante

Dans un cadre spacieux et moderne, le Banyan Tree offre d'élégantes chambres, bien aménagées avec des ornements sophistiqués, en bois naturel et tissus de soie. Le site est certifié Green Leaf pour ses pratiques respectueuses de l'environnement. Les grandes baies vitrées illuminent la pièce et offrent une vue panoramique sur la ville. Le personnel est aux petits soins et tout est mis en place pour votre confort (spa, piscine…).

Restaurants

€€€
Original
Gourmet
Social

ADRESSE 6 Sukhumvit 12, Klongtoey, Bangkok
CONTACT cabbagesandcondoms.com
022 294611

07 CABBAGES & CONDOMS
Sensibilisation et prévention

Dans une ambiance chaleureuse et originale, décorée à base de préservatifs multicolores, la carte très variée offre des mets peu courants pour découvrir les saveurs de la Thaïlande. Ce restaurant a été conçu en partie pour promouvoir une meilleure compréhension et acceptation de la planification familiale et générer des revenus pour soutenir diverses activités auprès de la population.

€€€
Obscurité
Sens
Unique

ADRESSE 250 Sukhumvit Road, Bangkok
CONTACT dineinthedarkbangkok.com
026 498358

08 DINE IN THE DARK
Une expérience gastronomique

C'est dans l'obscurité totale que le serveur malvoyant vous guidera à votre table. Manger sans voir est une expérience unique et surprenante. Vos sens sont en éveil et l'appréciation est focalisée sur le goût et la texture plutôt que l'aspect visuel. 3 menus sont proposés (thaïlandais, international, végétarien) et c'est seulement à la fin du repas que vous découvrez ce qu'il y avait dans votre assiette. Une partie des bénéfices est redistribuée aux associations de déficients visuels.

€€€
Gastronomie
Eaux
Saveur

ADRESSE Chamchuri Square, 2nd floor Samyan, Bangkok
CONTACT waterlibrary.com
061 8525411

09 WATER LIBRARY
Profitez de votre déjeuner à l'eau

Ce restaurant offre une cuisine raffinée et un service attentionné. L'établissement est moderne et circulaire avec au centre une bibliothèque d'eaux minérales du monde entier. La santé est au cœur du concept, chaque menu propose des ingrédients nutritifs et équilibrés : que direz-vous de la salade romaine au crabe ou de la langouste à la plancha ? La carte des vins est impressionnante, le sommelier propose l'accord mets-vins.

Activités

€€€
Fleur
Charme
Sophistiqué

ADRESSE 315 Samsen Road Soi 28, Yaek Soi Ongkarak 13, Dusit, Bangkok
CONTACT floralmuseum.com
026 693633
TARIFS 150 Baht / pers

10 LE MUSÉE D'ART FLORAL
Une expérience florale enchanteresse

C'est dans une maison en teck à l'architecture coloniale qu'est abrité ce musée, créé à l'initiative d'un artiste d'art floral. Sakul Intakul a mis en avant une collection complète de plantes vivantes et de fleurs utilisées dans la culture florale thaïlandaise. A l'issue de votre visite, faites une pause au salon de thé Dok Mai Thai et dégustez une tasse de thé délicieusement parfumée.

Nurserie d'orchidées

11 ALLPHOTO BANGKOK
Initiation à la photographie

€€€
Photo
Apprentissage
Technique

ADRESSE Sathorn Suite, Bangkok
CONTACT allphotobangkok.com 089 5360302
TARIFS 5900 Baht / pers

Arpentez les plus beaux sites de Bangkok en compagnie d'un photographe professionnel. Vous serez itinié à la photographie tout en explorant largement la capitale, ses trésors historiques, ses parcs, ses klongs et ses ruelles vibrantes. A travers ce cours alliant théorie et pratique, Bangkok se transforme en excellent terrain de jeu pour photographes en herbe et pour photographes expérimentés. A vos objectifs !

12 MUANG BORAN
La Thaïlande en miniature

€€€
Visite
Symboles
Reconstitution

ADRESSE 296/1 Sukhumvit Road, Bang Pu, Amphoe Muang, Samut Prakan
CONTACT ancientcitygroup.net 027 091644
TARIFS 700 Baht / pers

Ce musée à ciel ouvert propose 109 répliques des monuments les plus célèbres du pays à des échelles plus ou moins grandes. Le contour de la cité dessine la forme de la Thaïlande. La visite de la ville antique est comparable à un voyage en une journée du royaume Siam. L'atmosphère incite les visiteurs à percevoir et apprécier la continuité de l'histoire, les cultures, les religions. Des bicyclettes, tandems ou des petites voitures électriques sont en location à l'entrée du parc.

13 HUNT ESCAPE
Incarnez-vous en détective privé

€€€
Jeu
Excitant
Enigme

ADRESSE Interchange 21 Tower (Citibank Building), Level B2, Sukhumvit Road, Bangkok
CONTACT escapehunt.com 026 112828

Vous avez 1 heure top chrono pour résoudre une sombre affaire de meurtre et vous échapper d'une pièce verrouillée. Face à ce mystère, le seul moyen d'en sortir est de trouver les indices et dénouer les énigmes avant que l'horloge ne s'arrête. On ne vous en dit pas plus... Participation : 900 Baht/pers.

€€€
Temple
Sérénité
Esprit

ADRESSE Soi Suksawat 26, Bangmot, Bangkok
CONTACT bangkokautrement.com
TARIFS 2800 Baht / 2 pers

14 WAT PHO THONG
Journée avec un moine

Bangkok Autrement, tour opérateur, propose d'organiser une rencontre avec un moine bouddhiste. Lors de cette journée en compagnie de l'un des rares moines occidentaux en Thaïlande, Phra Kitthivetho, vous suivrez un programme au cœur du temple pour comprendre le mode de vie des moines et leur place dans la société thaïlandaise. L'après-midi sera consacré à des séances de méditation.

C'est gratuit

€€€
Verdure
Bol d'air

ADRESSE Rama IV Road, Tambon Wangmai, Patumwan, Bangkok

15 LE PARC LUMPHINI
Bouffée d'oxygène

Dans un cadre paisible et loin de l'agitation de la ville, vous pourrez profiter de l'environnement verdoyant du parc, prisé par de nombreux locaux. Ce lieu fourmille d'activités sportives. Vous pourrez vous initier à des cours d'aérobic, de danse tonique ou de tai-chi.

€€€
Agro tourisme
Culturel

ADRESSE 185-191, Muang Amphawa, Samut Songkhram
CONTACT amphawanurak.com 034 752245

16 AMPHAWA CHAIPATTANURAK
Centre d'éducatif d'Amphawa

Cet espace polyvalent accueille spectacles et activités pour promouvoir la culture locale et le mode de vie traditionnel le long de la rivière Mae Klong. Au niveau du jardin agricole, des démonstrations ont lieu, notamment celle de la fabrication du vinaigre de bois. De petites maisons en bois servent de galerie d'expositions. Photos, affiches, peintures ou tableaux, et objets relatent la vie locale. Un Coffee & Tea House et une boutique artisanale vous proposent une consommation équitable.

€€€
Artisanat
Création
Souvenirs

ADRESSE 242 Soi Akharn Songkroh, Akhan Songkroh Sai 15 Road, Thung Wat Don, Sathon, Bangkok
CONTACT heritagecraft.org
026 760636

17 THAI CRAFT
Foire équitable

Toutes les 2 semaines, des foires Thai Craft ont lieu à Bangkok autour d'une soixantaine d'artisans offrant un large éventail de produits provenant des communautés villageoises de Thaïlande. Les dates et lieux sont indiqués sur le site web de Thai Craft. Le but de cette association est de développer les compétences et de soutenir les projets communautaires dans les villages des tribus montagnardes.

Atelier de tissage

Métier à tisser

A l'Est de Bangkok

Bordée de stations balnéaires au sable blanc, comme les îles Koh Samet et Koh Chang, la côte Est est un lieu de villégiature idéal pour découvrir les fonds marins. Baies et plages spectaculaires se succèdent, ainsi que de pittoresques petits villages de pêcheurs, de magnifiques criques, véritables havres de paix, des vergers et des parcs nationaux peu fréquentés. Plus au Nord, l'ancienne capitale du Siam, centre historique et archéologique, donne un aperçu magique de sa splendeur passée.

Hébergements

€€€
Nature
Fraîcheur
Authentique

ADRESSE 30/5 Klong Prao, Koh Chang, Trat
CONTACT kohchang-bungalows-bluelagoon.com
039 557243
TARIFS 1350 Baht / 2 pers

18 BLUE LAGOON
Entre eaux et jardin !

Les bungalows sont disposés le long de la mangrove ou dans le magnifique jardin. Des peintures uniques agrémentent les murs de la pièce. Tout le mobilier est construit à base de matériaux locaux. Les terrasses sont équipées d'un hamac ou de chaises longues. Plusieurs activités sont proposées sur le site : jardinage, stage artistique, cours de cuisine et de langue thaï ou encore des animations musicales.

POUR L'ENVIRONNEMENT
Tri des déchets très affiné avec bacs de récupération. Le compost est utilisé comme fertilisant pour le jardin.

POUR LES EFFORTS SOCIAUX ET CULTURELS
Un éco-musée a été créé sur le site afin de promouvoir la culture et les traditions thaï.

€€€
Jardin
Relaxant
Ecologique

ADRESSE 26/1 Moo 7, Kung Wiman, Beach Sanamchai, Chanthaburi
CONTACT 039 417404
TARIFS 1900 Baht / 2 pers

19 FAASAI
Au cœur d'un verger

De votre terrasse, vous pourrez profiter du spectacle de la vie des oiseaux, des papillons aux couleurs vives, des lézards, du parfum des fleurs de la forêt, du soleil levant et de la lune, sous un ciel étoilé et dans le bruit des vagues. Les 14 chambres ont été conçues dans l'objectif de préserver l'environnement. Ainsi, un maximum de luminosité naturelle inonde les pièces et l'eau est chauffée via des panneaux solaires. Le site dispose de sa propre source d'eau minérale naturelle et d'une ferme.

€€€
Sérénité
Intimité
Chaleureux

ADRESSE 172/9 Moo 4, Phratuchai, Ayutthaya
CONTACT 035 242051
TARIFS 900 Baht / 2 pers

20 BAIFERN HOMESTAY
Un cadre enchanteur

Cet hôtel a su conserver l'architecture thaï d'une maison familiale traditionnelle. Les matériaux naturels qui décorent les chambres, bois de teck, paille tressée, soie, procurent un confort indéniable. Savourez un moment de détente dans cet écrin de verdure et un massage relaxant après une journée d'activités.

€€€
Traditionnel
Soigné
Repos

ADRESSE 199/19 Moo 4, Tambon Pailing, Phra Nakhon Si Ayutthaya
CONTACT baanthaihouse.com 035 259760
TARIFS 2800 Baht / 2 pers

21 BAAN THAI HOUSE
Délicates attentions

Dans un cadre somptueux, des bungalows en bois fonctionnels et très coquets sont disposés au cœur d'un joli jardin arboré. Le personnel est très accueillant et soucieux de satisfaire les visiteurs. Pour se relaxer, plusieurs installations sont à disposition sur le site telles que piscine, sauna, massage, centre de fitness. Le vélo ou le bateau, moyens proposés aux visiteurs pour découvrir les merveilles de cette ville, ont pour but d'encourager les visiteurs à limiter les impacts écologiques. Des activités artistiques sont proposées.

€€€
Santé
Bien-être
Détente

ADRESSE 15/4 Moo 4, Baan Salak Kok, Tambon Koh Chang Tai, Koh Chang, Trat
CONTACT thespakohchang.com 080 9647614
TARIFS 4000 Baht / 2 pers

22 SPA KOHCHANG RESORT
Purification garantie !

Station thermale située sur la paisible baie de Salak Kok, son programme est basé sur la désintoxication du corps. Jus de fruits frais, soupe de légumes et eau de coco agrémenteront vos repas. Bien entendu, pour faciliter la digestion, quelques herbes à mâchouiller sont à votre disposition. Le tout intégré à d'autres activités pour votre bien-être, telles que le massage de l'estomac, le yoga ou la méditation.

€€€
Calme
Charme
Plage

ADRESSE 25 Moo 4, Tambon Phe, Koh Samet, Rayong
CONTACT samedresorts.com 038 644341
TARIFS 4000 Baht / pers

23 SAMED CLUB
Un soupçon de paradis balnéaire

Cette petite station, adossée à une colline verdoyante, dispose de 30 chalets avec vue sur une plage de sable fin ou sur la montagne. La décoration est simple mais contemporaine. Les petits déjeuners sont copieux. L'accueil est très chaleureux et le personnel attentif. Les efforts pour la protection de l'environnement ont été récompensés par une certification Green Leaf. Des collectes de déchets sur les plages sont organisées.

Restaurants

€€€
Cuisine
Biologique
Assortiment

ADRESSE 19 Moo 4, Klongsabua, Phra Nakhon Si Ayutthaya
CONTACT 034 510074

24 INTARAKORN
Excellente dégustation

D'excellents repas préparés à partir d'ingrédients frais et des boissons saines à base d'herbes sont proposés. La cuisine est délicieuse et raffinée, inspirée de recettes de la région d'Ayutthaya, offrant une grande variété de fruits et légumes. Une large sélection de vins accompagne les différents plats de viande et de poisson.

Crevettes grillées chez Chowlay Sea Food

€€€
Fraîcheur
Fruits de mer

ADRESSE 40/1 Moo 1, Bangbao, Koh Chang, Trat
CONTACT 081 9179084

25 CHOWLAY SEA FOOD
Saveurs marines

La pêche du jour est exposée à l'entrée du restaurant, situé le long de la jetée : fruits de mer, poissons vivants et crustacés n'attendent que vous. C'est à vous de décider le type de préparation et de cuisson : frit, barbecue, en sauce. Essayez « Mieng Pla », combiné d'échalotes, de gingembre, de piment, de citron vert, d'ail et de crevettes séchées, nappé de sauce à base de sucre. Une terrasse donnant sur la mangrove vous permettra de savourer votre repas.

Activités

€€€
Artisanat
Paysans
Démonstration

ADRESSE 59 Moo 4, Tambon Chang Yai, Amphoe Bang Sai, Phra Nakhon Si Ayutthaya
CONTACT 035 366252
TARIFS 100 Baht / pers

26 BANG SAI ART AND CULTURE
A la découverte des arts et métiers

Le centre offre un aperçu de la façon dont les agriculteurs des quatre régions de Thaïlande vivent et travaillent, et comment les arts et l'artisanat folklorique thaïlandais sont produits. Il propose également des formations pour les agriculteurs, les villageois et les artisans afin de préserver le savoir-faire et les métiers traditionnels. Il est possible d'acheter les produits exposés.

27 NAMTOK PHLIO NATIONAL PARK
Randonnée nature

€€€
Nature
Animaux
Chute d'eau

ADRESSE Tambon Phlio, Amphoe Laem Sing, Chanthaburi
CONTACT dnp.go.th 039 434528
TARIFS 200 Baht / pers

Au cœur d'une nature luxuriante, un parcours trail vous permettra d'observer la faune et la flore. En chemin, vous croiserez peut-être de nombreuses espèces d'animaux sauvages : porcs-épics, macaques, écureuils, mangoustes, loutres. Plusieurs cours d'eau sillonnent la forêt et se jettent dans de grands bassins dans lesquels vous pourrez vous baigner à souhait avec de nombreux poissons. Le parc propose des bungalows ou un terrain de camping et quelques restaurants.

28 LES RUINES D'AYUTTHAYA
Sur les traces de l'ancienne Siam

€€€
Parc historique
Royaume

ADRESSE Amphoe Muang, Phra Nakhon Si Ayutthaya
CONTACT 035 246076
TARIFS 220 Baht / pers

Classé au patrimoine mondial par l'UNESCO, ce site archéologique abrite de nombreux temples en ruines. Accessibles en bateau ou par la route, ces vestiges de l'ancienne civilisation d'Ayutthaya sont disséminés au milieu de la ville moderne. A ne pas rater, le magnifique Wat Yaï Chaï Mongkhon, très bien conservé, situé à l'extérieur de la ville. Le meilleur moyen de visiter les temples est de louer un vélo.

29 NEW HAPPY TOUR
Sortie en mer

€€€
Eau
Poisson
Pêche

ADRESSE Sukhumvit Nakornrayon, Amphoe Muang, Rayong
CONTACT 088 1999545
TARIFS 800 Baht / pers

Ce tour opérateur offre des sorties en bateaux à la découverte des îles avoisinantes. Au programme, baignade, snorkeling et visite d'une ferme marine sont proposés. Il est possible d'organiser une initiation à la pêche à la ligne ou aux calamars, « spécialité de la région ».

Accrobranche Tree Top Adventure

€€€
Obstacle
Adrénaline
Perché

ADRESSE 115 Moo 1, Koh Chang Tai, Kingumphor, Koh Chang, Trat
CONTACT treetopadventurepark.com
084 3107600
TARIFS 1100 Baht / pers

30 TREE TOP ADVENTURE
La nature au sommet des arbres

Envie de vous changer un peu les idées entre visites de temples et farniente sur la plage ? En pleine jungle, laissez-vous tenter par de multiples traversées d'une plate-forme à l'autre, d'arbre en arbre avec des vues et des sensations à vous couper le souffle. Un assortiment de jeux d'équilibre tels que les ponts de singes, sauts de Tarzan, planches à roulettes volantes et tyroliennes géantes. 2 parcours bleu et rouge sont proposés selon le niveau de difficulté. Toutes les consignes et matériels de sécurité vous seront donnés en début de séance.

€€€
Découverte
Reforestation
Protection

ADRESSE Klongkud, Tambon Thamai, Chanthaburi
CONTACT 039 4332168
TARIFS 1200 Baht / pers

31 KHUNG KRABAEN BAY ROYAL DEVELOPMENT
Préservation des ressources naturelles

Ce centre a été reconnu pour ses innovations et sa créativité dans le domaine du tourisme durable. De nombreux projets sont menés pour la protection de l'environnement, comme un programme de réhabilitation des mangroves. Les visiteurs pourront observer la production d'engrais bio, l'élevage de crevettes ou encore la mangrove à partir de la passerelle d'étude prévue à cet effet. Prenez contact avant de vous y rendre afin que le centre puisse prévoir le personnel anglophone qui vous livrera les explications.

€€€
Soigner
Aider
Tendresse

ADRESSE 45/6 Moo 3, Klong Son Village, Koh Chang, Trat
CONTACT kohchanganimalproject.org
089 0422347

32 KOH CHANG ANIMAL PROJECT

Pour le bien-être des animaux

Cette clinique accueille des bénévoles, en partie des vétérinaires, pour soigner les animaux de l'île. Tendresse, amour et soin sont les facteurs clés pour le bien-être et la santé des animaux. La contribution au projet peut se faire par un don de votre temps pour prodiguer des câlins ou toiletter ces bêtes.

Village de pêcheurs Koh Chang

Coucher de soleil à Koh Chang

A l'Ouest de Bangkok

Immense région de forêts protégées, Kanchanaburi est la troisième plus grande province de Thaïlande, désormais reconnue pour son écotourisme le long du fleuve. Elle regorge d'atouts : réserves naturelles, parcs nationaux, fleuves et cascades. Un véritable paradis d'eau et de jungle ! La province est frontalière avec la Birmanie : cette diversité ethnique enrichit chaque étape de la découverte de la région. Bien sûr, l'exploration du patrimoine historique de Kanchanaburi constitue une halte culturelle incontournable.

Hébergements

€€€
Insolite
Coloré
Jardin

ADRESSE 91/4 Moo 3, Tambon Nong Lu, Amphoe Sangkhlaburi, Kanchanaburi
CONTACT coffeeberrysangklaburi.com 084 8029811
TARIFS 800 Baht / 2 pers

33 COFFEE BERRY
Le monde coloré de Ying

Cette maison d'hôtes dispose de 5 chambres très coquettes, originales et agencées avec goût. Leur nom fait référence à des spécialités à base de café : moka, crema, espresso, cappucino, latte. Le jardin intimiste, la terrasse sur le toit ou encore l'espace détente aménagé dans les chambres vous permettent d'apprécier chaque recoin de cette propriété. La décoration très colorée et originale rend ce lieu insolite.

Province de Kanchanaburi

€€€
Charme
Authenticité
Tradition

ADRESSE Tha Sao, Amphoe Sai Yok, Kanchanaburi
CONTACT 083 3157726
TARIFS 850 Baht / 2 pers

34 TAMARIND KAREN VILLAGE
Un cadre enchanteur

Ce village tient son nom du tamarinier implanté au centre d'un hameau de huttes karen, construites selon les techniques et matériaux traditionnels, en bois de rose, eucalyptus, bambou et chaume. Un restaurant et une terrasse surplombant la rivière Kwaï complètent les équipements du village. Une maison karen héberge la famille responsable de la gestion et de l'entretien du village. Un escalier permet d'atteindre, environ 8 mètres plus bas, les berges de la rivière où sont amarrés des radeaux de bambou destinés à la promenade.

€€€
Charmant
Paisible
Vue

ADRESSE 81/2 Moo 1, Tambon Nonglu Amphoe Sangkhlaburi, Kanchanaburi
CONTACT p-guesthouse.com
081 4502783
TARIFS 1100 Baht / 2 pers

35 P. GUESTHOUSE
Refuge minéral au bord du lac

Construite à flanc de colline, cette guesthouse propose des chambres simples et propres, tout en galets et bois, dotées d'un petit balcon donnant sur le lac. Le restaurant offre une superbe vue sur les montagnes environnantes et son mobilier en bois provient de la récupération de souches, initialement destinées au barrage du lac. Le ponton flottant offre un accès idéal pour la baignade et le canoë.

Femme karen

36 PLOY GUESTHOUSE
Un havre de paix

€€€
Chaleureux
Amical
Détente

ADRESSE 79/2 Mae Nam Kwae Road, Tambon Thamakharn, Amphoe Muang, Kanchanaburi
CONTACT ploygh.com 090 9642653
TARIFS 1350 Baht / 2 pers

Entouré d'un jardin bien entretenu et situé aux abords de la rivière Kwaï, Ploy Guesthouse est un endroit idéal pour la détente. Les chambres fraîchement rénovées sont décorées avec goût dans un style élégant et romantique. Le mobilier en bois est issu de l'artisanat local. Une piscine et une terrasse donnant sur la rivière sont à disposition pour se relaxer après une bonne journée de visites.

37 MY HOME THAILAND
Comme chez eux

€€€
Maison
Jardin privé

ADRESSE Sengchuto Road, Prueksakane 3 Resort, 1/32 Moo 5, Muang Tamakane, Kanchanaburi
CONTACT myhome-thailand.com 0861 633450
TARIFS 2900 Baht / 2 pers

Situé dans un lotissement calme et sécurisé, cette maison d'hôtes, moderne, décorée et meublée avec soin peut accueillir jusqu'à 10 personnes. Un jardin privatif engazonné permet de se relaxer en toute tranquillité, au milieu de palmiers et de fleurs exotiques. Les bicyclettes mises à disposition sont une incitation à la promenade dans la campagne environnante. Vous pourrez également profiter de la piscine résidentielle.

My Home Thailand

€€€
Nature
Mémorable
Eléphants

ADRESSE 409/1, Tambon Thakanun, Amphoe Tong Pha Phum, Kanchanaburi
CONTACT ganeshapark.com
086 0612136
TARIFS 6000 Baht / 2 pers / 3 jour & 2 nuits

38 GENASH PARK
Chez les mahouts

Cette maison familiale, servant de refuge pour les éléphants, dispose de chambres reposant tranquillement sur les bords du lac de Sangklaburi. D'autres habitations flottantes, tout aussi confortables, sont accessibles en raft. Hors du temps et des repères, c'est au sein d'une famille et des mahouts (cornacs) que l'on partage un moment privilégié avec les pachydermes. Leur but est de contribuer au bien-être des éléphants (soins, protection, défense et sauvetage), de récolter des fonds pour les libérer d'une vie de servitude et d'organiser des actions de sensibilisation auprès de la population.

Restaurants

€€€
Convivialité
Originalité
Délice

ADRESSE Ban Tai, Amphoe Muang, Kanchanaburi

39 IM JUNG MOOKATA (NUANE KAOLI) THAI FONDUE
La fondue thaïlandaise

Partager les joies gastronomiques autour d'un délicieux repas appelé « Nuane Kaoli ». Emprunté à une idée d'origine coréenne, le principe de cuisson est un dôme inversé comprenant une rigole périphérique, le tout reposant sur un pot de cuisson dans lequel se consume du charbon de bois. A votre disposition, une multitude d'aliments tels que viandes, fruits de mer, légumes, pâtes sans limitation de quantité, à faire cuire à volonté.

€€€
Saveur
Détente
Sensation

ADRESSE 72/1 Moo 2, Tha Makham, Amphoe Muang, Kanchanaburi
CONTACT 034 6252703

40 FLOATING RESTAURANT
Flotter tout en consommant !

Ce restaurant est idéalement situé au pied même du pont de la rivière Kwaï. Il propose à ses clients un buffet gastronomique varié, offrant ainsi la possibilité de savourer une multitude de plats thaïlandais et internationaux. A l'entrée-sortie du restaurant sont amarrés des bateaux à fond plat de type « longue queue », qui permettent aux clients d'embarquer pour une croisière-découverte de Kanchanaburi depuis la rivière Kwaï.

€€€
Bio
Santé

ADRESSE 158 Moo 5, Tambon Singha, Amphoe Saiyok, Kanchanaburi
CONTACT thaiwisdomcenter.com 034 532071
TARIFS 300 Baht

41 THAI WISDOM KANCHANABURI
Qualité de vie, environnement et culture

83 entrepreneurs locaux se sont associés dans le but de préserver l'environnement et la culture locale. Parmi les services proposés, massage, méditation, boutique, le restaurant offre une carte complète à base de produits biologiques et d'herbes, bons pour la santé. On y sert de savoureux plats et spécialités de la région, comme le poulet frit avec du poivre noir et des fines herbes.

Activités

€€€
Visite
Bateau
Ethnie

ADRESSE 8 1/2 Moo 1, Tambon Nonglu Amphoe Sangkhlaburi, Kanchanaburi
CONTACT p-guesthouse.com 081 4502783
TARIFS 1350 Baht / pers

42 P. GUESTHOUSE

P. Guesthouse propose quelques excursions à la rencontre des villageois karens. Les balades sont faites à bord d'un bateau longue queue. Vous aurez le temps d'admirer la construction en bois du pont Môn - Uttamanuson, le temple sous l'eau et le village môn. D'autres activités sont proposées comme les randonnées dans la jungle ou la descente de la rivière en bambou rafting.

€€
Rencontre
Humaine
Éléphants

ADRESSE 90/9 Moo, Baan Nong Hoi, Wang Dong, Kanchanaburi
CONTACT Elephantsworld.org
086 3355332
TARIFS 2500 Baht / pers

43 ELEPHANTS WORLD
Au service des éléphants

Terre d'accueil pour les éléphants handicapés, vieux, malades et maltraités, ce centre leur assure un avenir meilleur. Après une présentation des pachydermes et des comportements à adopter, vous apprendrez à concocter un repas équilibré et personnalisé en fonction des besoins de chacun : riz gluant pour les plus vieux, bananes, sucre de canne... L'équipe de bénévoles et de mahouts vous encadre durant cette journée inoubliable, qui se termine par un bain dans la rivière Kwaï, pour laver et brosser les éléphants.

POUR L'ENVIRONNEMENT
Tri et recycle les déchets. Les excréments d'animaux sont utilisés pour faire du compost.

POUR LES EFFORTS SOCIAUX ET CULTURELS
Organisation à but non lucratif, financée par les visiteurs et les dons. Par ce biais, ce parc soigne les éléphants et leur offre une vie en quasi liberté.

Elephants World

€€€
Ferme
Tradition
Educatif

ADRESSE 1/32 Moo 5, Muang Tamakane, Kanchanaburi
CONTACT kanchanaburi-transport-tours.com
086 1633450
TARIFS 4000 Baht / pers

44 AGROTOURS KTT
Parcourir la région agricole de Kanchanaburi

Agrotours KTT offre l'opportunité d'explorer des villages agricoles thaïlandais authentiques. Plusieurs formules sont proposées et permettent une immersion complète, à travers la participation à des exercices pratiques tels que la plantation et l'abattage de riz, la confection de thé de mûrier ou de bouquet de fleurs séchées. Ces visites sont organisées par des passionnés qui vous livreront tous les secrets de culture des orchidées ou encore du procédé de fabrication du sucre de palme.

POUR L'ENVIRONNEMENT
Leur programme repose sur des activités éco-responsables avant tout respectueuses de l'environnement.

POUR LES EFFORTS SOCIAUX ET CULTURELS
Travaille en collaboration avec la population locale afin de préserver et d'améliorer leurs conditions de vie.

Récolte de la fleur de palme

Centre

€€€
Circuit
Communauté
Flexibilité

ADRESSE 1/32 Moo 5, Muang Tamakane, Kanchanaburi
CONTACT kanchanaburi-transport-tours.com
086 1633450
TARIFS 4000 Baht / pers

45 KANCHANABURI TRANSPORT TOURS
Une expérience sur mesure

KTT propose un programme original et inoubliable d'excursions et de circuits touristiques exclusifs et privés, hors des sentiers battus. Leurs offres non conventionnelles proposent d'aller à la rencontre de la nature et de la communauté locale autour d'une partie de pêche, d'une baignade dans les sources d'eau chaude au milieu de la forêt, de monter à bord de radeaux en bambou pour descendre la rivière Kwaï... Libre à vous de composer votre programme à partir des activités au catalogue ou selon vos envies.

Shopping bon pour la planète

€€€
Centre d'accueil
Affection

ADRESSE 99/1 Moo 1, Tambon Nonglu, Amphoe Sangkhlaburi, Kanchanaburi
CONTACT baanunrak.org
034 510778

46 BAAN UNRAK CHILDREN'S VILLAGE
La maison du bonheur

Baan Unrak fournit un foyer sûr et chaleureux aux enfants et aux femmes défavorisés, issus de villages karens et mons. Un centre de tissage et de couture sur le site permet aux femmes de mettre en œuvre leur talent. La boutique propose une multitude d'accessoires, faits main, utilisant des techniques birmanes et thaïlandaises traditionnelles. Faites un petit break à la boulangerie pour déguster les pâtisseries du jour ! Tous ces achats participent au financement du projet.

POUR L'ENVIRONNEMENT
Exploitation agricole biologique pour nourrir les habitants. Aucun pesticide n'est utilisé.

POUR LES EFFORTS SOCIAUX ET CULTURELS
Le centre assure un avenir serein, une éducation scolaire pour les plus jeunes et un salaire garanti pour les adultes.

€€€
Boutique
Spécialités
Régional

ADRESSE 186 Moo 3 Sangchuto road, Tha lo, Tha muang, Kanchanaburi
CONTACT doikham.co.th 034 571031

47 DOI KHAM
Agro shopping

Le roi de Thaïlande est à l'initiative de ce projet, qui a pour but de soutenir les fermiers des montagnes en sélectionnant leurs récoltes et en améliorant la gestion de leurs fermes. Ainsi, vous trouverez à disposition dans ce grand magasin une multitude de produits locaux : alimentation bio, cosmétiques… La Fondation apporte en outre son aide dans la commercialisation, le conditionnement et la transformation des produits qui portent le nom de marque : Doi Kham.

€€€
Artisanat
Cadeaux
Coloré

ADRESSE 10 Moo 1, Tambon Nongkhao, Amphoe Tamung, Kanchanaburi
CONTACT 034 586061

48 AREERAT SHOP
Tissage de soie thaïlandaise

Cet atelier de tissage traditionnel confectionne une multitude de vêtements et d'accessoires, comme la spécialité de la région, le « PAKAOMA », porté en général autour de la ceinture par les paysans thaïlandais. Ce projet est mené par un groupe de femmes dont l'objectif est de continuer à transmettre ces pratiques de tissage de génération en génération.

A ne pas manquer !

- ✓ *Découvrez les Klongs de Bangkok à bord d'un long trail*
- ✓ *Visitez la nurserie des orchidées à Kanchanaburi*
- ✓ *Élevez des tortues de mer à Koh Samet*
- ✓ *Photographiez un varan au parc Lumphini*
- ✓ *Laissez-vous palper les pieds dans un Fish spa*

Nord

La Thaïlande du Nord recèle de somptueux paysages, les montagnes réservent de pures merveilles : rivières, vallées, chutes d'eau, jungle procurant de multiples activités telles que rafting, randonnée, vélo et baignade. Le long des pittoresques routes panoramiques, prenez le temps de découvrir les différentes ethnies, qui vivent dans le pur respect des traditions. Cette région est connue pour son savoir-faire artisanal traditionnel : céramiques, ombrelles, tissages... Rencontres insolites et surprenantes garanties !

Les 5 meilleures adresses du Nord de la Thaïlande

- ✓ *Pratiquez le batik au Eagle House*
- ✓ *Dormez dans une cabane perchée dans les arbres au Pai Tree House*
- ✓ *Apprenez à vivre durablement avec Tacomepai*
- ✓ *Vivez une expérience authentique au cœur du village Lanjia*
- ✓ *Découvrez à vélo la campagne environnante à Sukhothai*

Village de Lanjia

Rencontre avec des femmes akha

En vélo autour de Sukhothai

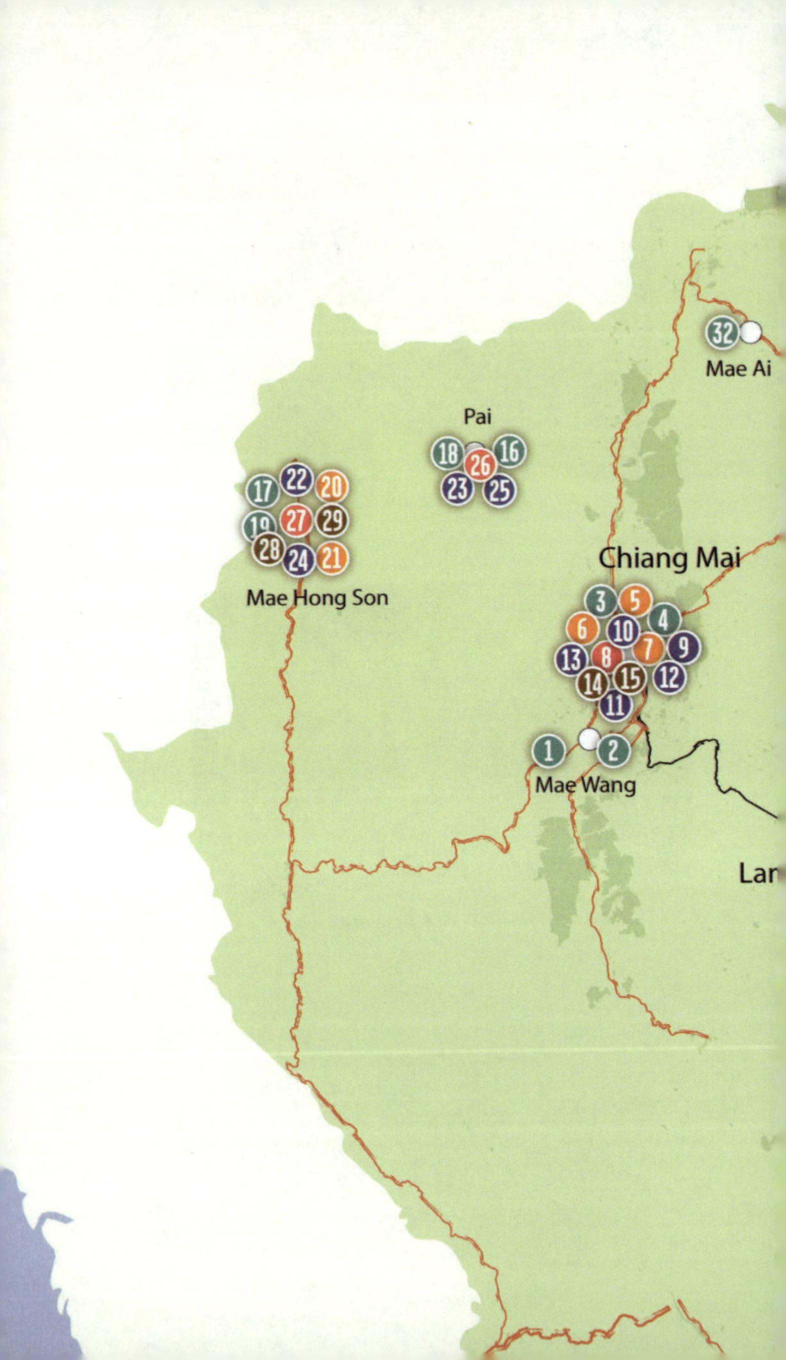
Mae Ai
Pai
Chiang Mai
Mae Hong Son
Mae Wang
Lar

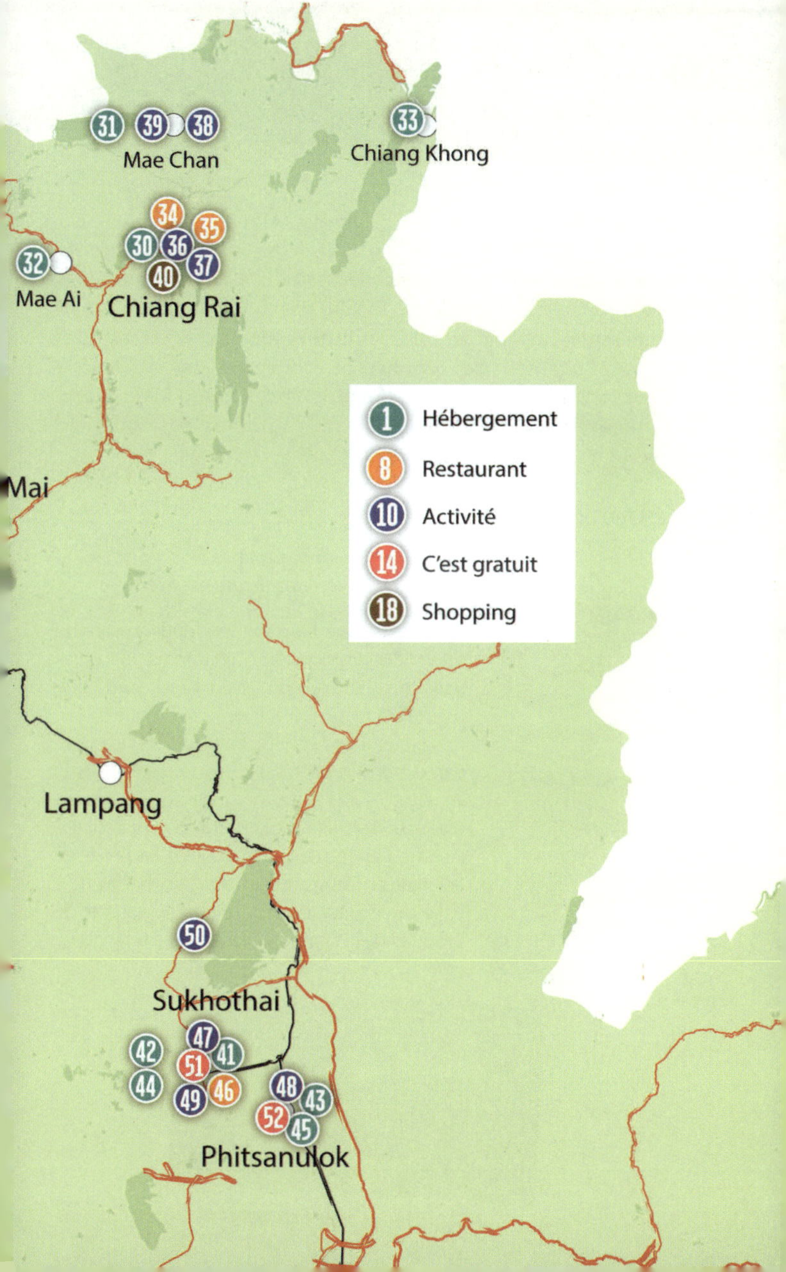

31
39
38
Mae Chan
33
Chiang Khong
34
35
30
36
37
32
40
Mae Ai
Chiang Rai
Mai
1 Hébergement
8 Restaurant
10 Activité
14 C'est gratuit
18 Shopping
Lampang
50
Sukhothai
47
42
41
51
44
46
49
48
43
52
45
Phitsanulok

Province de Chiang Mai

Appelée « la rose du Nord », Chiang Mai est la capitale du Royaume de Lanna et de l'artisanat thaïlandais. Les atouts de cette province combleront le visiteur : de nombreuses attractions, une population locale des plus chaleureuse et accueillante, un patrimoine culturel, historique et naturel unique. Encadrée de montagnes couvertes de forêts, de vallées fertiles conduisant à la rivière Ping, Chiang Mai est une première étape vers les villages des minorités ethniques du Nord.

Hébergements

€€€
Nature
Faune
Barbecue

ADRESSE 197 Moo 5, Ban Mae Sapok Nuea, Tambon Mae Win, Amphoe Mae Wang, Chiang Mai
CONTACT the-bamboo-hut.com
084 4808902
TARIFS 400 Baht / 2 pers

01 BAMBOO HUT
Dans la campagne reculée

Les chalets en bambou se fondent dans le splendide paysage. Les chambres, décorées dans le style traditionnel du Nord, sont équipées d'un matelas à même le sol, d'une moustiquaire et d'une salle de bain. La forêt environnante permet de fabuleuses rencontres avec la nature luxuriante, de magnifiques chutes d'eau et les villages des tribus des collines. Autour d'un feu de camp, écoutez les bruits de la jungle en dégustant un délicieux barbecue à base de récoltes de la ferme biologique et de produits de la chasse et de la pêche du jour.

Bungalows en pleine campagne

02 SPICY VILLA ECO LODGE
Un refuge à flanc de colline

€€€
Authenticité
Montagnes
Partage

ADRESSE 55/1 Baan Hauypong, Tambon Maewin, Amphoe Mae Wang, Chiang Mai
CONTACT chiangmaiecolodges.com 086 1895224
TARIFS 1500 Baht / 2 pers

Entièrement construits en matériaux naturels, les bungalows sont entourés d'une nature vierge : la vue est imprenable. Vous pouvez séjourner au sein d'une famille pour découvrir la vie authentique des tribus des collines. Une partie du terrain est consacrée aux cultures : fruits, légumes, épices et herbes sont cultivés selon des méthodes naturelles et permettent ainsi de confectionner des plats bio et savoureux pour les visiteurs. L'enseignement des méthodes agricoles locales est proposé.

POUR L'ENVIRONNEMENT
L'électricité est créée à partir de panneaux solaires, l'eau est chauffée par le soleil, les matériaux de construction sont écologiques.

POUR LES EFFORTS SOCIAUX ET CULTURELS
Tout le personnel est originaire des villages Karens. Plusieurs actions visent à soutenir le projet « Dream Project » : construction des écoles, apprentissage de l'anglais, accueil de volontaires.

03 ECO RESORT CHIANG MAI
Pour les amoureux de nature

€€€
Jardin
Calme
Echanges

ADRESSE 109 Bumrungraj, Tambon Watkate, Amphoe Muang, Chiang Mai
CONTACT Ecoresortchiangmai.com 053 247111
TARIFS 1530 Baht / 2 pers

Au cœur d'un immense jardin tropical, cet hébergement propose des chambres confortables, lumineuses, décorées dans le pur style thaïlandais. Profitez de la piscine et de la salle de détente pour vous délasser ou partager vos expériences de voyage avec les autres visiteurs. La station de traitement des eaux témoigne de l'attachement à la préservation de l'environnement.

€€€
Harmonie
Sérénité
Galerie

ADRESSE 50/1 Rajadamnoen Road, Tambon Sri Phum, Amphoe Muang, Chiang Mai
CONTACT Tamarind-village.com
053 418896
TARIFS 6000 Baht

04 TAMARIND VILLAGE
Une oasis de calme et de tranquillité

Tamarind Village est un hôtel de charme niché au cœur du quartier historique de Chiang Mai. Les chambres sont décorées avec simplicité : le mobilier contemporain s'harmonise parfaitement avec quelques touches ethniques. L'hôtel propose des excursions et un programme d'expositions et de manifestations culturelles conçues pour favoriser la découverte et la compréhension de la culture locale.

Restaurants

€€€
Solidarité
Bio
Végétarien

ADRESSE 116 Maneenoparat Road, Amphoe Muang, Chiang Mai
CONTACT Thaifreedomhouse.org
0810285383

05 FREE BIRD CAFE
Se nourrir pour la bonne cause

Cette organisation, à but non lucratif, est un centre d'apprentissage des langues et des arts pour les peuples autochtones et les réfugiés birmans. Free Bird Café sert une délicieuse nourriture biologique et végétarienne dans le respect des spécialités traditionnelles thaïlandaises, shans et birmanes. Au fond de la salle, « charity shop » met en vente des vêtements, sacs, livres, cosmétiques à base de plantes. La totalité des bénéfices contribue aux projets d'insertion et de développement des réfugiés.

Restaurant Free Bird

€€€
Goûteux
Bio
Pain

ADRESSE 35/1 Moon-Muang Road, Soi 9, Amphoe Muang, Chiang Mai
CONTACT 053 217120

06 BLUE DIAMOND
Délicieusement bio !

Ce restaurant, très populaire, met l'accent sur une alimentation saine, en proposant exclusivement des fruits et légumes biologiques. Ainsi, la carte offre une grande variété de plats végétariens et végétaliens. Le café provient des producteurs locaux des collines. Blue Diamond, c'est également une boulangerie ainsi qu'une boutique qui présente une sélection de produits d'épicerie.

€€€
Gastronomie
Chant
Spécialités

ADRESSE 208 Patan Road, Amphoe Muang, Chiang Mai
CONTACT huansoontaree.com
053 872707

07 HUAN SOONTAREE
Laissez vos sens vous guider

L'attraction principale de ce restaurant est la chanteuse, propriétaire des lieux, et son orchestre, qui livrent au public des chansons folkloriques, caractéristiques du Nord. Une palette de plats typiques est proposée telle que des grillades de poissons-serpents désossés, farcis à l'ail, à l'œuf et au poivre. Cette maison traditionnelle est décorée d'une multitude de tentures en tissu et d'antiquités exposées le long des murs.

C'est gratuit

€€€
Exposition
Tribus
Collection

ADRESSE Ratchamangkla Park, Chotana Road, Amphoe Muang, Chiang Mai
CONTACT 053 210872
TARIFS Donation

08 TRIBAL MUSEUM
Témoignage du mode de vie tribal

Ce musée constitue un centre de ressources complet et permet aux visiteurs une meilleure compréhension de la culture indigène. Il met en valeur l'histoire des différentes tribus en véhiculant l'ambiance de vie d'un village traditionnel grâce à des photographies et des expositions sur fond de musique folklorique. La collection s'articule autour de différents thèmes : habitation, pêche, agriculture, croyances religieuses, instruments de musique, textiles.

€€€
Massage
Aveugle
Détente

ADRESSE 9 Ratdamri Road Changpuak, Amphoe Muang, Chiang Mai
CONTACT Am-cb.com 053 406017
TARIFS 130 Baht / 1h

09 THAI MASSAGE CONSERVATION CLUB

Un massage les yeux fermés

Les employés de ce salon de massage sont aveugles, ils sont réputés pour leur toucher extrêmement développé. Des pieds à la tête, chaque membre du corps est passé en revue. La technique repose sur des pressions à des points précis, favorisant la relaxation. Laisse-vous aller, respirez bien, et vous profiterez ainsi pleinement du massage !

€€€
Cours
Plats
Délice

ADRESSE 38 Moonmuang Road, Soi 9, Amphoe Muang, Chiang Mai
CONTACT Thaifarmcooking.com
081 2885989
TARIFS 1300 Baht / 1 pers

10 THAI FARM COOKING SCHOOL

Une journée épicée

La journée commence par une halte au marché. Le professeur présente les différents condiments utilisés dans la cuisine thaïlandaise. Dès l'arrivée à la ferme, une visite du jardin biologique est organisée. Vous participez à la cueillette d'herbes aromatiques nécessaires à la réalisation de vos plats. Après la théorie, la pratique ! Sur les conseils de votre professeur et dans la bonne humeur, vous préparez 5 plats au choix, que vous dégusterez dans la foulée.

Thai Farm Cooking

€€€
Art
Atelier
Exposition

ADRESSE 1 Moo 6 Chiang Mai-Hod Road, Ban Klang Sun Pa Tong, Chiang Mai
CONTACT kaomailanna.com 053 834470
TARIFS 1200 Baht / pers

11 KAO MAI LANNA RESORT
Pratique des arts

Cet établissement est implanté au milieu de silos de séchage de tabac. En plus de leur programme d'exposition, vous êtes invité à visiter des galeries d'arts et de produits artisanaux. Exprimez vos talents à travers les différents ateliers proposés : peinture sur ombrelles, sculpture sur bois, fabrication de poupées. Ces programmes contribuent au développement de la communauté et à l'amélioration de la qualité de vie des villageois.

€€€
Apprentissage
Respect
Villageois

ADRESSE 16 Changmai Gao Road,Soi 3, Chiang Mai
CONTACT Eaglehouse.com
053 874126
TARIFS 1200 Baht / pers

12 EAGLE HOUSE ECO-SENSITIVE TOURS
Une riche expérience

Annette, irlandaise installée en Thaïlande depuis plus de 25 ans, propose diverses activités dans le respect des coutumes locales et de la préservation de l'environnement. Personnalisez votre programme selon vos envies : batik, argenterie, cuisine, massage. Vous pourrez également partir en trek et passer quelques jours dans un village Karen. La propriétaire met à votre disposition toutes les informations nécessaires au bon déroulement de votre séjour, ainsi que le programme des festivités locales du moment.

POUR L'ENVIRONNEMENT
Tri des déchets. Achat de produits bio aux producteurs de la région. Eau potable à disposition des visiteurs pour éviter l'utilisation de bouteilles en plastique.

POUR LES EFFORTS SOCIAUX ET CULTURELS
Associée à plusieurs projets : construction de maisons et d'écoles, don d'uniformes scolaires, achat de matériel pédagogique. Emploi de personnels multi tribus.

€€€
Trek
Village
Nature

ADRESSE 59 Rajchapakinai Road, Amphoe Muang, Chiang Mai
CONTACT pooh-ecotrekking.com
053 208538
TARIFS 5400 Baht / pers / 2 jours

13 POOH ECO-TREKKING
De belles rencontres

Loin des chemins habituels, Pooh propose des excursions à la découverte des tribus montagnardes. Vos efforts physiques seront largement récompensés : les sentiers offrent en effet une nature généreuse, de fabuleux paysages, des rencontres improbables et de délicieux repas. En immersion au sein d'un village Karen, vous partagerez histoire, musique et traditions. Vous logerez dans une maison traditionnelle sur pilotis. Pour les plus aventureux, l'option « survival trek » vous initiera aux techniques de survie dans la jungle.

Shopping bon pour la planète ....

€€€
Artisanat
Cadeaux
Equitable

ADRESSE 208 Bumrungrat Road, Amphoe Muang, Chiang Mai
CONTACT ttcrafts.co.th
053 241043

14 THAI TRIBAL CRAFTS
Le talent des artisans

La production et la vente de produits artisanaux sont une réponse évidente au soutien des communautés locales. C'est une façon de contribuer à la restauration et à la continuité des traditions. Ce magasin offre une grande variété de produits réalisés par les ethnies des différents villages de montagne : un véritable cocktail de couleurs, de motifs et de tissages !

€€€
Artisanat
Soie
Indigo

ADRESSE 138/8 Soi Changkhian, Huay Keow Road
Tambon Changpeuak, Chiang Mai
CONTACT studionaenna.com 053 226042

15 STUDIO NAENNA
Méticuleusement tissé à la main

L'atelier de tissage et de teinture est situé sur les hauteurs de la ville. La visite combine démonstrations et explications, notamment sur l'extraction des colorants naturels. Cette galerie valorise le travail des femmes des villages environnants. La boutique révèle un panel de vêtements, étoles, pièces d'art et autres accessoires. Les bénéfices sont distribués aux tisserands et à leurs familles.

Province de Mae Hong Song

Mae Hong Son porte bien son nom de « ville des trois brumes », une nappe d'épais brouillard masque les hauts sommets, rendant cette région mystérieuse. A la frontière birmane, cette province montagneuse offre des paysages stupéfiants : parcs nationaux, sources d'eau chaude, grottes préhistoriques, communautés autochtones. Ces richesses naturelles offrent un environnement propice à des activités telles que le trekking et le rafting. Une aventure en soi !

Collines autour de Mae Hong Son

Lac de Mae Hong Song

€€€
Ferme
Apprentissage
Convivialité

ADRESSE 101 Moo 9, Baan Tin Tart, Tambon Tung Yao, Amphoe Pai, Mae Hong Son
CONTACT Tacomepai.com
098 7737947
TARIFS 300 Baht/ 2 pers

16 TACOMEPAI
Rien ne se perd, tout se transforme

Cachée dans la jungle, cette ferme biologique pratique une agriculture traditionnelle. C'est aussi un espace de vie pour tous ceux qui veulent apprendre, construire et partager. Les visiteurs peuvent participer au fonctionnement du centre, soit aux champs, soit par la construction d'équipements. Sandot, le fermier, transmet ses connaissances sur les techniques de fabrication naturelle et l'utilisation de certaines plantes forestières. Des bungalows en bambou sont mis à disposition des visiteurs. Une cuisine commune et une salle à manger permettent de partager la récolte du jour avec les résidents.

POUR L'ENVIRONNEMENT
Rien ne se perd, tout est revalorisé : tasse en bambou, corde fabriquée via des fibres de tronc de bananier. Le feu se substitue au gaz et à l'électricité.

POUR LES EFFORTS SOCIAUX ET CULTURELS
Héberge 2 familles birmanes en contrepartie d'aide. Organise un festival pour la récolte de riz : les musiciens et danseurs des ethnies locales sont conviés.

Bungalow Tacomepai

€€€
Charme
Zen
Nature

ADRESSE 250 Moo 11, Bang Moo, Amphoe Muang, Mae Hong Son

CONTACT Sangtonghuts.com
053 611680

TARIFS 1200 Baht / 2 pers

17 SANG TONG HUTS
Immergé dans la jungle

Au milieu d'un jardin soigneusement entretenu se trouvent huit superbes bungalows, une piscine et le pavillon principal. Dans ce dernier sont proposés, dans une atmosphère chaleureuse, de délicieux petits déjeuners ou encore le dîner, le tout cuisiné à base de produits achetés aux producteurs de la région. Les spacieux bungalows de bambou sont construits et aménagés avec des matériaux naturels dans le style nord-thaïlandais. Une grande terrasse vous permet de profiter d'une vue superbe sur la forêt.

€€€
Insolite
Arbre
Hauteur

ADRESSE 90 Moo 2, Tambon Maehee, Amphoe Pai
Mae Hong Son

CONTACT Paitreehouse.com
081 9113640

TARIFS 1200 Baht / 2pers

18 PAI TREEHOUSE
Perché sur un arbre

Au détour d'un escalier en colimaçon fait à base de branches d'arbres, 3 cabanes attendent leurs visiteurs. Les chambres sont aménagées avec simplicité et les sanitaires disposés sur le palier. Une petite terrasse permet aux amateurs de contempler la vue imprenable sur la rivière et les montagnes. Pour ceux qui ne souhaitent pas tenter l'aventure, des bungalows sont disponibles dans l'immense jardin tropical. Les grenouilles et les grillons s'en donnent à cœur joie pour vous concocter un réveil musical.

POUR L'ENVIRONNEMENT
Produits d'entretien naturels, compost utilisé comme engrais.

POUR LES EFFORTS SOCIAUX ET CULTURELS
Mobilier fabriqué par les artisans locaux, fruits et légumes achetés auprès des producteurs de la région.

€€€
Éco-tourisme
Relaxant

ADRESSE 64 Moo 10 Phabong, Amphoe Muang, Mae Hong Son

CONTACT Fernresort.info
053 686110

TARIFS 2500 Baht / 2 pers Deluxe – 3500 Baht / 2 pers Suite

19 FERN RESORT
En harmonie avec la nature

Cet endroit magique, idéal pour les amoureux de la nature, est niché dans une vallée luxuriante, dans les montagnes de Mae Hong Son. 30 bungalows en bois, construits dans le style local Shan, sont répartis sur d'anciennes rizières. Une petite terrasse vous permet d'être au plus près de la nature. Il n'y a pas de téléviseur dans les chambres, vous profitez ainsi pleinement des bruits de la jungle environnante et du bruissement des ruisseaux… Une authentique atmosphère de détente.

POUR L'ENVIRONNEMENT
Tri des déchets. Aucun produit chimique n'a sa place : les produits utilisés pour le nettoyage sont naturels.

POUR LES EFFORTS SOCIAUX ET CULTURELS
Fabrication du mobilier de jardin par les villageois, mise en vente de leur artisanat.

Chambre du Fern Resort

Restaurants

€€€
Restaurant
Design
Bio

ADRESSE 23 Pradit Chong Kham Road, Amphoe Muang, Mae Hong Son
CONTACT salweenriver.com
053 613421

20 SALAWEEN RIVER RESTAURANT
Spécialités birmanes et shan

Ce restaurant offre un mélange éclectique de plats délicieux dans une ambiance locale unique. Laissez-vous tenter par la spécialité du chef, la salade birmane au thé vert, c'est un mélange de feuilles de thé vert, soja croquant, tomate et laitue servi avec une sauce piquante. La décoration est typique et durable, les chaises et les tables sont en bambou et les décorations sont fabriquées par les artisans de la région. Pour limiter les déchets plastiques, des bouteilles de verre sont utilisées et les feuilles de bananiers font office d'assiettes.

€€€
Saveur
Nouilles
Spécialités

ADRESSE 16/1 Chamnan Sathit Road, Tambon Chong Kham, Mae Hong Son
CONTACT 082 1922488

21 NAI SARM MORK
A base de nouilles

A travers son restaurant, M. Chaiwat, souhaite partager avec ses visiteurs les saveurs de la cuisine thaïlandaise et promouvoir l'art et la culture shan. Des peintures colorées illustrent l'histoire de Mae Hong Song. Quant aux plats, réalisés principalement à base de nouilles, suivez les suggestions du chef et savourez la spécialité : les nouilles sautées shan, servies avec du porc haché et du tofu marinés dans de l'ail et des arachides.

Activités

€€€
Site
Archéologique
Grotte

ADRESSE Amphoe Pang Mapha, Mae Hong Son
CONTACT 053 612982
TARIFS 300 Baht / pers

22 THAM LOT
Un labyrinthe souterrain fascinant

Sur la route reliant Pai à Mae Hong Son se trouve la grotte de Lot, traversée par la rivière Nam Lang. L'accès au site se fait à bord d'une embarcation en bambou. Une caverne principale donne accès à trois cavités. Elle est immense et magnifiquement décorée de stalagmites et stalactites colorées. Muni d'une lampe, explorez à pied les différentes galeries.

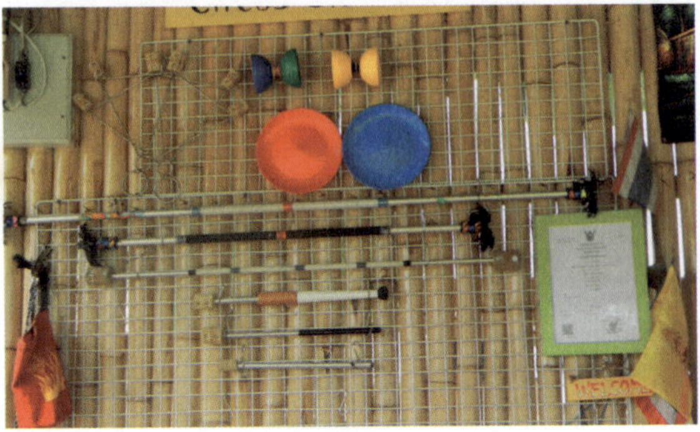

Pai Circus School

€€€
Jeux
Cirque
Musique

ADRESSE 323 Moo 1, Tambon Maenee, Amphoe Pai, Mae Hong Son
CONTACT paicircusschool.com 085 1442662
TARIFS 600 Baht / pers incluant le diner

23 PAI CIRCUS SCHOOL
Initiation aux Arts du Cirque

Pai circus school est la seule école de cirque de la Thaïlande dédiée à l'apprentissage des jeux dans une atmosphère de détente. En groupe ou en solo, apprenez à jongler, à manipuler le diabolo, à tenir en équilibre sur un fil ou sur des échasses. Vous sortirez de cette leçon en sachant manipuler le feu. Toutes les instructions de sécurité sont données en début de séance. Chaque soir, autour d'un feu de camp, vous pourrez écouter du djembé et de la guitare.

€€€
Authenticité
Visite
Tradition

ADRESSE 86/4 Kunlumprapad Road, Amphoe Muang, Mae Hong Son
CONTACT Rosegardentours.com
081 0271725
TARIFS 1500 Baht / pers

24 ROSE GARDEN TOUR
A la découverte des tribus du Nord

Rose Garden Tour offre avant tout une expérience culturelle et écologique à travers différents programmes de trekking sur plusieurs jours, dans les collines boisées de Mae Hong Son. Ju, Thaï francophone, et son équipe ont construit un rapport chaleureux au fil des années avec les communautés. Vous serez immergé dans le quotidien des tribus montagnardes lahu et karen.

€€€
Aventure
Eaux
Rapide

ADRESSE 39 Moo 3, Chaysong Kam, Amphoe Pai, Mae Hong Son
CONTACT Thairafting.com
053 699111
TARIFS 1800 Baht / 1 j – 3300 Baht / 2 j

25 THAI ADVENTURE RAFTING
Immersion en pleine nature

Guy, français installé en Thaïlande depuis 26 ans, propose plusieurs types d'activités : trekking ou descente en rafting ou mix des 2 sur 1 ou 2 jours. Vous serez hébergé dans un village karen et partagerez avec eux repas et moments de grande simplicité et de sérénité. C'est donc, pour relier Pai et Mae Hong Song, une solution de substitution au trajet routier, bien plus respectueuse de l'environnement. Un briefing des règles de sécurité est fait au départ de chaque activité et l'encadrement est de grande qualité.

C'est gratuit

€€€
Vue
Panoramique
Falaise

ADRESSE Amphoe Pai, Mae Hong Son

26 PAI CANYON
Un endroit assez surprenant

A 8 km au Sud de Pai, rendez-vous au canyon pour contempler la vue imprenable sur la campagne environnante. Appréciez la quiétude de cet endroit, faites une petite balade le long des crêtes et traversez les crevasses. Le lieu est idéal pour admirer un magnifique coucher de soleil.

€€€
Temple
Stupa
Birman

ADRESSE Amphoe Muang, Mae Hong Son

27 WAT PHRA THAT & DOI KONG MU
Niché au sommet de la colline

Wat Phra That Doi Kong Mu est le plus ancien monument dans la province de Mae Hong. Il se dresse sur la colline Mu Kong et peut être vu à partir de n'importe où en ville. La vue depuis le sommet est spectaculaire. Un temple remarquable pour ses deux grands chedis blancs et son architecture typique shan. La plus grande pagode contient les reliques de Phra Moggalana, l'un des disciples du Bouddha.

Wat Phra That & Doi Kong Mu

Shopping bon pour la planète

€€€
Sésame
Cosmétique
Boeuf

ADRESSE 255/1 Pangmoo, Amphoe Muang, Mae Hong Son
CONTACT 053 061186

28 SUDANEE KHUMDEE
Le sésame au fil du temps

Découverte des différentes étapes de fabrication de soins corporels faits à base de graines de sésame bio. Une fois la récolte faite, les graines sont séchées au soleil pendant 1 semaine. La mouture se fait via des bœufs tractés autour d'un mortier et d'un pilon. L'huile est récupérée et ensuite transformée en savon, huile pour le corps ou les cheveux. Un partie est consacrée à l'alimentaire.

€€€
Boutique
Original
Naturel

ADRESSE 32 Singhanart Bamrung Road, Amphoe Muang, Mae Hong Son
CONTACT padonc.com 053 612125

29 PADONC SHOP & GREEN GARDEN
Textiles faits main par des femmes Karen

Cette boutique soutient de manière proactive les techniques de teinture naturelle, évitant ainsi l'impact néfaste des colorants chimiques. L'équipe Padonc propose, dans un esprit ludique, une gamme de T-shirt, casquettes et chemises illustrant la route sinueuse de Mae Hong Son ou les 9 groupes de tribus montagnardes. Vous pouvez observer chaque étape du processus et rencontrer les tisserands locaux.

Chiang Rai et ses alentours

Connue pour le célébrissime Triangle d'or, cette région est limitrophe avec le Laos et Myanmar, le Mékong faisant office de frontière naturelle. La province se caractérise par une nature sauvage, enchevêtrée autour des montagnes, foyers de nombreuses tribus. C'est en effet le berceau de plusieurs groupes ethniques du Nord (Lisu, Karen, Lahu, Akha, Hmong) qui perpétuent leurs croyances, leurs coutumes et leurs dialectes, très distincts les uns des autres !

Hébergements

€€€
Nature
Cottage en bois

ADRESSE 481 Moo 24, Doi Kwoa Kwai Road, Amphoe Muang, Chiang Rai
CONTACT Pankledvilla.com
053 717552
TARIFS 1100 Baht / 2 pers

30 BUFFALO HILL GUEST HOUSE
Au chalet en bois

Situé sur la colline au Nord Est de Chiang Rai, l'endroit est paisible et reposant. Plusieurs chalets en bois sont disséminés dans un magnifique jardin. Le toit, fait à base de feuilles de bois de teck disposées en écaille de poisson, est une vitrine de l'architecture traditionnelle du Nord. C'est un symbole, fierté des autochtones ! Les chambres, pouvant héberger de 2 à 8 personnes, sont conçues en toute simplicité, une salle de bain est en contrebas et une terrasse prolonge la maisonnette.

Visite d'une tribu huong

€€€
Bungalows
Nature
Thé

ADRESSE 9 Moo 12, Maesalongnork, Amphoe Mae Fa Luang, Chiang Rai
CONTACT maesalong-mountainhome.com 084 6119508
TARIFS 1600 Baht / 2 pers

31 MAESALONG MOUNTAIN HOME
Au cœur des plantations de thé

Sur le versant de la montagne près de la frontière entre la Thaïlande et le Myanmar, 9 chalets avec un toit en chaume sont disposés à proximité de plantations de thé. Des visites sont organisées pour parcourir le labyrinthe des champs de thé et découvrir les différentes phases de production, de la cueillette à la tasse. Les excursions proposées ont pour but de développer le tourisme responsable dans les villages.

€€€
Hôtel
Centre éducatif

ADRESSE Huay Nam Yen, Thaton, PO Box 3, Amphoe Mae Ai, Chiang Mai
CONTACT maekok-river-village-resort.com 053 053628
TARIFS 3200 Baht / pers

32 MAEKOK RIVER VILLAGE
Un resort de grande qualité

Situé à l'extrême Nord de la Thaïlande, à la frontière birmane, cet hôtel de charme met à disposition des chambres décorées dans des tons naturels en harmonie avec la nature avoisinante. Elles disposent de balcons ou de jardins permettant de profiter de la vue panoramique sur la rivière et la vallée. Le personnel est aux petits soins. Le propriétaire mise sur le développement du potentiel des jeunes de la région, en leur offrant un emploi. Les bénéfices de la boutique, située près du restaurant, permettent de soutenir les écoles locales.

Vue sur le Triangle d'or

33 LANJIA LODGE
Une expérience locale

€€€
Authenticité
Village
Immersion

ADRESSE 347 Kiewkan village, Moo 6, Tambon Rimkhong, Amphoe Chiang Khong, Chiang Rai
CONTACT asian-oasis.com
088 8097047
TARIFS 3600 Baht / 2 pers (2 jours & 1 nuit)

Cet établissement totalement intégré dans le village offre une vue imprenable, surplombant le Mekong et le Laos. Les 4 bungalows, disposés à flanc de colline, disposent de chambres spacieuses et confortables. Les repas se prennent sur la terrasse commune et à même le sol pour conforter les traditions. Une multitude de forfaits est disponible : randonnées, promenades en bateau sur le fleuve, visites des tribus hmong et lahu, cours de batik.

POUR L'ENVIRONNEMENT
Prix « Sustainable Development in Tourism », pour ses projets novateurs en terme d'environnement, sécurité et gestion des risques.

POUR LES EFFORTS SOCIAUX ET CULTURELS
Les contributions des visiteurs sont dédiées aux projets communautaires afin d'améliorer les conditions de vie de la population locale et des tribus montagnardes.

Restaurants

34 BAANCHIVITMAI
Maison pour une nouvelle vie

€€€
Gourmandise
Enfants
Solidaire

ADRESSE 591 Moo 6 HuaDoi, Tasai, Amphoe Muang, Chiang Rai
CONTACT baanchivit-mai.com
073 3581984

Cette boulangerie située au cœur de Chiang Rai propose gâteaux et pâtisseries du jour faits maison ainsi que des mets thaïlandais. Cette maison offre un hébergement pour les enfants orphelins ou atteints du Sida. Les pensionnaires suivent un rythme scolaire dans un environnement sain et protecteur. L'union fait la force au sein de cette fondation, où tout le monde participe aux travaux d'entretien et à la culture de riz, légumes et arbres fruitiers.

€€€
Gastronomie
Prévention
Protection

ADRESSE 620/25 Tanalai Road, Amphoe Muang, Chiang Rai
CONTACT cabbagesandcondoms.com
053 719167

35 CABBAGES AND CONDOMS
Mangez pour la bonne cause

La décoration du restaurant est unique en son genre : préservatifs multicolores, messages et photos pour promouvoir le planning familial et la prévention contre le sida. Une grande variété de plats originaux est proposée, comme le poisson entier servi avec des sauces élaborées. La boutique artisanale située à l'entrée recèle quelques produits qui valent le détour.

Activités

€€€
Exposition
Objets
Tribus

ADRESSE 620/25 Thanalai Road, 3rd. Floor, PDA Building, Amphoe Muang, Chiang Rai
CONTACT pda.or.th/chiangrai/hilltribe_museum.htm
053 740088
TARIFS 50 Baht / pers

36 HILLTRIBE MUSEUM AND EDUCATION CENTER
Instructif et contributeur

Une étape incontournable avant la visite des tribus du Nord : ce musée est un trésor d'informations passionnantes sur les cultures et les histoires tribales. Le centre expose des costumes traditionnels, des outils de chasse, de pêche et d'agriculture qui laissent entrevoir la façon dont les peuples indigènes se sont adaptés à leur environnement naturel de façon ingénieuse. Des vidéos donnent un excellent aperçu des 6 groupes ethniques. Ne manquez pas l'exposition sur l'histoire de l'opium.

€€€
Rencontre
Communauté
Village

ADRESSE 620/25 Thanalai Road, 3rd. Floor, PDA Building, Amphoe Muang, Chiang Rai
CONTACT pdacr.org
053 719167
TARIFS 3000 Baht / pers / 2 jours

37 PDA TOUR
Des visites communautaires

PDA, ou Population and Community Development Association, encourage activement les villageois à participer à des activités afin d'augmenter leurs revenus. Des visites allant de 1 à 3 jours sont proposées pour découvrir le quotidien des tribus Lisu et Akha. Des treks éducatifs et respectueux de la culture et des traditions locales permettent d'en apprendre d'avantage sur le mode de vie des tribus.

€€€
Cheval
Promenade
Campagne

ADRESSE 379 Moo 4 Baan Pa Sang, Amphoe Mae Chan, Chiang Rai

CONTACT maesalongoutdoor.com 081 6955387

TARIFS 1500 Baht

38 MAE SALONG OUTDOOR
Randonnée équestre

Mae Salong Outdoor vous accueille pour une randonnée équestre dans la province de Chiang Rai. Les balades vous conduisent au cœur de paysages tropicaux luxuriants. Chevauchez et explorez les terres privées du complexe. Admirez la faune : plus de 50 espèces d'oiseaux et une multitude de papillons colorés. Des formateurs expérimentés accompagnent vos premiers pas.

€€€
Relaxation
Boue
Naturel

ADRESSE 388 Moo 4, Ban Mae Salong Nai, Amphoe Mae Chan, Chiang Rai

CONTACT phu-chaisai.com 053 910500

TARIFS 3400 Baht / 3 heures (spa package)

39 PHU CHAISAI SPA
Terre des sens

« Un esprit sain dans un corps sain ! » pourrait être la devise de ce centre où le savoir-faire antique, transmis de génération en génération, s'enrichit des bienfaits de produits naturels et biologiques, offrant ainsi un moment de détente inoubliable. Ce spa propose une large palette de soins de bien-être. Pour une peau douce comme de la soie, laissez-vous tenter par le bain de boue riche en minéraux ou encore un gommage à base d'huile de riz, reconnue depuis l'Antiquité pour ses effets bénéfiques.

Shopping bon pour la planète ....

€€€
Cadeaux
Artisanat
Contribution

ADRESSE 313 Moo 7, Baan Pa Ngiew, Tambon Robwiang, Amphoe Muang, Chiang Rai

CONTACT maefahluang.org 053 716605

40 MAE FAH LUANG ART AND CULTURAL PARK
Achetez responsable et équitable

Dans une grande et belle maison à l'architecture Lanna, cette boutique propose une sélection de produits faits main : textiles tissés, accessoires pour la maison, céramiques… Grâce à la commercialisation de ces objets, la fondation préserve le savoir-faire traditionnel et soutient les minorités ethniques. Des expositions tournantes ont lieu tout au long de l'année.

Sukhothai et les alentours

Littéralement « l'aube du bonheur », la ville de Sukhothai fut le premier royaume du Siam. Cette cité abrite bon nombre de vestiges antiques témoignant d'un passé glorieux. Une promenade à vélo dans la campagne environnante s'impose, offrant aux visiteurs un aperçu de la vie rurale et des étendues de rizières à l'infini.

Hébergements

€€€
Hébergement
Accueil familial

ADRESSE 38 Pravet Nakhon Road, Amphoe Muang, Sukhothai
CONTACT banthaigues-thousewix.com/banthaiguesthouse 055 610163
TARIFS 550 Baht/2pers

41 BANTHAI GUESTHOUSE
Naturellement chaleureux

Cette guesthouse propose des chambres et des bungalows en bois, simplement équipés, dans un écrin de verdure. Sur la terrasse du restaurant entourée de plantes, vous pourrez déguster une délicieuse cuisine à base de produits biologiques. Dans une ambiance familiale et détendue, le personnel se fera un plaisir de partager avec vous les informations nécessaires à la découverte de la ville. Ils sauront faciliter vos déplacements, principalement à vélo.

Site historique à Sukhothai

€€€
Charme
Traditionnel
Bois

ADRESSE 95/8 Moo 3, Napho-Khirimas Road, Muang Kao, Amphoe Muang, Sukhothai
CONTACT thaithai-sukhothai.com
084 9321006
TARIFS 1150 Baht / 2 pers

42 THAI THAI SUKHOTHAI
Un havre de sérénité

Niché au centre du parc historique, l'hôtel bénéficie d'un emplacement idéal pour partir à la découverte de Sukhothai. Construits autour de petits jardins, les bungalows en bois sont conçus dans un style traditionnel. Les chambres sont joliment décorées. Le mobilier est fabriqué par les artisans du village. Vous pourrez vous détendre dans le jardin ou opter pour un massage thaïlandais traditionnel. En plus de l'accueil chaleureux, le personnel fournit des informations pratiques pour l'organisation de votre séjour.

€€€
Nature
Écologique
Ferme

ADRESSE 42 Moo 9 Kangsopa, Muang Wangthong, Phitsanulok
CONTACT rainforest-thailand.com
055 293085
TARIFS 2200 Baht / 2 pers

43 RAIN FOREST
Refuge idéal pour les amoureux de la nature

Situé près de la belle cascade de Kangsong, cet hébergement est entouré par les parcs nationaux. Les cottages, en harmonie avec la nature, sont nichés au milieu des arbres et des étangs. Le lieu dispose d'une ferme, des visites sont organisées par le propriétaire. Passionné, il partage tous ses secrets sur l'agriculture biologique, qu'il enseigne aux habitants de la région. Il invite aussi ses visiteurs à ramasser avec les locaux les déchets laissés dans la nature.

Site historique à Sukhothai

€€€
Élégance
Relaxant
Romantique

ADRESSE 321/3 Muang-kao-Napoh Road, Moo3, Muang Kao, Amphoe Muang, Sukhothai
CONTACT tharaburiresort.com 055 697132
TARIFS 3800 Baht / 2 pers

44 THARABURI
Tout près de la vieille ville

La belle maison en bois de teck est nichée au milieu d'un paysage tropical luxuriant. Tharaburi propose un accueil chaleureux et un hébergement confortable. Chaque chambre, d'architecture asiatique, est spacieuse et unique par son thème et sa couleur qui favorisent la relaxation du corps et de l'esprit. Détendez-vous avec un plongeon rafraîchissant dans la piscine ou relaxez vos muscles fatigués avec un massage. Le restaurant propose une délicieuse cuisine à base de produits biologiques.

€€€
Charme
Moderne
Quiétude

ADRESSE 349/40 Chaiyanupap Road Amphoe Muang, Phitsanulok
CONTACT pattararesort.com 055 282966
TARIFS 3300 Baht / 2 pers

45 PATTARA RESORT & SPA
Un voyage enchanteur et vivifiant

Cet hôtel récent a été conçu avec des matériaux et des technologies qui minimisent son impact environnemental. Pattara Resort dispose de chambres au design contemporain, avec jardin et vue sur un étang recouvert de lotus et de nénuphars. La décoration est zen et épurée. Offrez-vous un moment de détente dans le magnifique spa ! Optez également pour une séance de lecture dans la magnifique bibliothèque bien garnie.

Chambre du Pattara Resort

Restaurants

€€€
Restaurant Antiquité Délice

ADRESSE 86/1 Singhawat Road, Amphoe Muang, Sukhothai

CONTACT 055 612081

46 DREAM CAFE

Savourez vos mets dans une ambiance éclectique

Cette maison rustique thaïlandaise abrite une excentrique collection de céramiques et bijoux : on se croit chez un antiquaire ! Le menu, établi à partir de nombreuses recettes familiales, réveille les papilles. Régalez-vous avec l'un des plats à base de poissons d'eau douce accompagnés d'herbes et de condiments ou laissez-vous tenter par la fondue et faites cuire vous-même : viande, légumes et nouilles.

Activités

€€€
Site historique Temple

ADRESSE Muang Kao, Amphoe Muang, Sukhothai

CONTACT 055 697527

TARIFS 100 Baht / 1 pers / 1 site

47 SITE HISTORIQUE DE SUKHOTHAI

Invitation à un voyage dans le 13e siècle !

Classé au patrimoine mondial par l'UNESCO en 1991, le site historique est divisé en 5 parties, Nord, Sud, Est, Ouest et la partie centrale. Il est possible d'y louer vélos ou scooters pour parcourir librement le site. Le long des allées, contemplez de nombreuses pagodes, bouddhas et temples issus de combinaisons de styles Khmer, cingalais et thaïlandais. Le Wat Mahathat, en forme de bouton de fleur de lotus, est la pièce centrale, avec plus de deux cents stupas.

48 PHU HIN RONG KLA NATIONAL PARK
Un parc national historique

€€€
Nature
Randonnée
Découverte

ADRESSE P.O. Box 3, Amphoe Nakhon Thai, Phitsanulok
CONTACT dnp.go.th
055 356607
TARIFS 200 Baht / pers

Le parc national est entièrement constitué de forêts luxuriantes, de cascades impressionnantes et d'une vaste plaine de roches fissurées. Laissez libre cours à votre imagination en interprétant les formes des rochers. D'autres trésors se cachent dans cette immense forêt, rappelant les années d'insurrection communiste : habitations, écoles, hôpital, prison. A quelques kilomètres de la route principale, faites une halte dans le village hmong et découvrez son mode de vie traditionnel.

49 SUKHOTHAI BICYCLE TOUR
A vélo à travers villages et rizières

€€€
Vélo
Rencontre
Rizière

ADRESSE 34/1 Moo 2, Jarodvithi Thong Road, Tambon Bankluai, Amphoe Muang, Sukhothai
CONTACT sukhothaibicycletour.com
089 4601603
TARIFS 1250 Baht / pers pour 1 journée

Jib et Miaow se feront un plaisir de partager l'authenticité de la vie rurale de cette région. En parcourant à vélo les rizières, les canaux, les villages ou encore le site historique de Sukhothai, vous apprécierez les sons, les odeurs, les vues qu'offre la nature. Ce couple, passionné de VTT, vous expliquera, chemin faisant, les coutumes locales, les techniques de production, l'architecture et l'histoire de cette ville. N'hésitez pas à adapter les formules proposées, selon vos envies !

POUR L'ENVIRONNEMENT
Le vélo est un moyen de déplacement non polluant et silencieux.

POUR LES EFFORTS SOCIAUX ET CULTURELS
Préserver les coutumes locales et les faire découvrir aux visiteurs.

€€€
Éléphant
Nature
Rencontre

ADRESSE 304 Moo 5,Baan Na Ton Jan, Tambon Baan Tuek, Amphoe Si Satchanalai, Sukhothai
CONTACT blesele.org 055 910221
TARIFS 5000 Baht / pers / 2 jours

50 BOON LOTT'S ELEPHANT SANTUARY
Le paradis pour éléphant

Katherine a fondé ce sanctuaire consacré à la création d'un environnement sûr et naturel pour les éléphants en difficulté. Une occasion unique d'interagir étroitement avec les pachydermes ! Vous vivrez au rythme du camp et serez impliqué dans différentes tâches : collecte d'aliments, accompagnement aux zones de pâturage, bain dans la rivière, randonnée avec les cornacs, plantation d'arbres. BLES repose entièrement sur les dons et les fonds générés par les visiteurs.

C'est gratuit

€€€
Artisans
Bois
Façonnage

ADRESSE Office N° 149 Moo 3, Tambon Banklvai, Amphoe Muang, Sukhothai
CONTACT 055 651825

51 SERVICE COOPERATIVE CRAFT WOOD
La maison des artisans du bois

Cette coopérative permet d'observer les artisans à l'oeuvre dans la fabrication de mobilier en bois de teck à destination des hôtels et entreprises de la région. Ce projet initié par le gouvernement vise à promouvoir les produits authentiques des communautés de la région, le savoir-faire autochtone et les ressources naturelles locales. C'est donc un moyen de préserver l'artisanat traditionnel et ancestral du patrimoine thaïlandais, transmis de génération en génération.

Artisan travaillant le bois

€€€
Bouddha
Artisan
Fabrication

ADRESSE 26/43 Wisutkaset Road, Amphoe Muang, Phitsanulok

52 BURANATHAI BOUDDHA FOUNDRY

Les ateliers du bouddha

Cet atelier de production a été créé en 1968 à l'initiative du sergent Thawee. Les visiteurs sont libres de se promener à travers les ateliers. Observez l'agilité des artisans à manipuler les statues de Bouddha ! Des affiches à l'entrée illustrent les différentes étapes de fabrication : le procédé de moulage selon la méthode de la cire perdue, la finition, le laquage et la dorure. Sur place, la petite boutique vend une gamme de Bouddha de toutes tailles.

Autour d'un bon repas

- ✓ *Osez les insectes frits dans les gargotes !*
- ✓ *Apprenez à cuisiner thaïlandais*
- ✓ *Goûtez à la soupe de serpent au Bamboo Hut !*
- ✓ *Essayez la fondue thaïlandaise*
- ✓ *Cuisinez en compagnie des tribus*

Insectes frits

NE DÉTOURNONS PAS LE REGARD
À L'ÉTRANGER
COMME EN FRANCE,
RECOURIR À LA PROSTITUTION
DE MINEURS EST PASSIBLE
DE 3 À 7 ANS DE PRISON
ecpat
FRANCE
SUIVEZ-NOUS
SUR FACEBOOK

Nord-Est

La région Nord-Est, littéralement appelée Isan, est bordée au Nord et à l'Est par le Mékong, frontière naturelle avec le Laos, alors que le Sud est frontalier avec le Cambodge. C'est la région la plus pauvre de Thaïlande, elle est peu touristique et donc peu anglophone. Cette partie du pays regorge de trésors naturels et historiques : magnifiques parcs nationaux, impressionnants vestiges préhistoriques et belles ruines khmères.
L'Isan a gardé son caractère authentique en préservant les traditions ancestrales. Partez à la découverte des racines de la Thaïlande profonde !

Les 5 meilleures adresses du Nord-Est de la Thaïlande

- ✓ *Faites une petite halte au Phu Na Come*
- ✓ *Relaxez-vous en famille au Gecko Villa*
- ✓ *Partagez avec les visiteurs de The Outside Inn*
- ✓ *Découvrez la région avec Pirom*
- ✓ *Participez à la vie de la ferme au Lamai Tour and Homestay*

Chambre à The Outside Inn

Participez à la vie de la ferme

Propriété de Phu Na Come

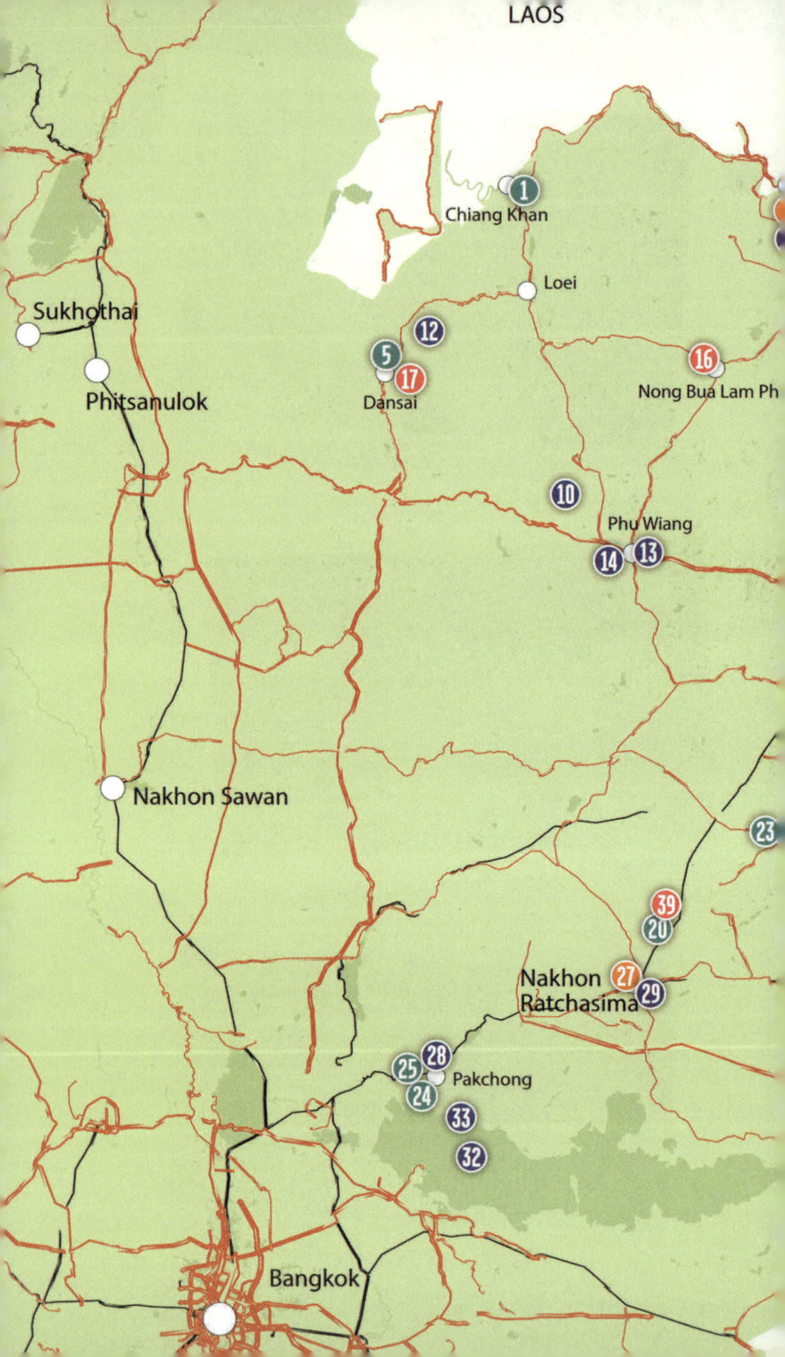
LAOS
1
Chiang Khan
Loei
12
5
17
Dansai
16
Nong Bua Lam Ph
Sukhothai
Phitsanulok
10
Phu Wiang
14
13
Nakhon Sawan
23
39
20
27
29
Nakhon Ratchasima
28
25
24
Pakchong
33
32
Bangkok

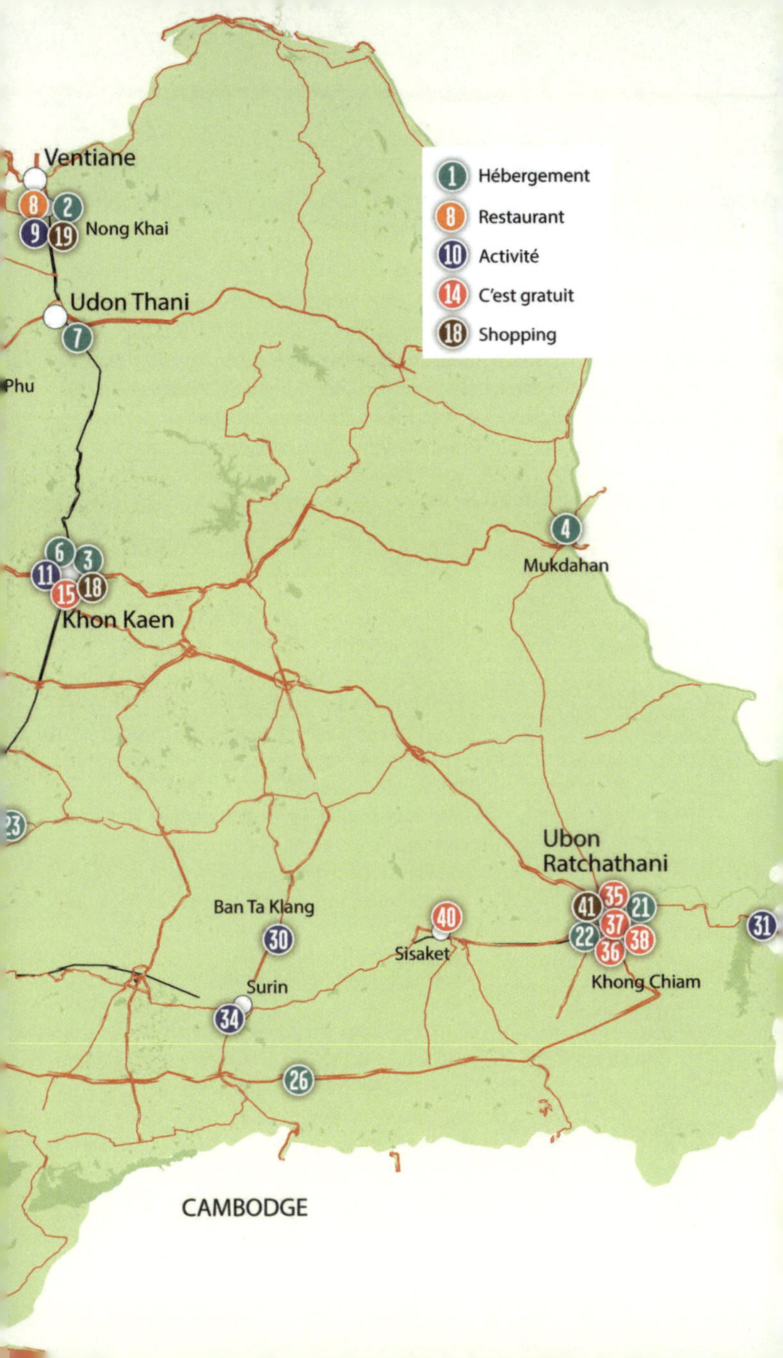

1 Hébergement
8 Restaurant
10 Activité
14 C'est gratuit
18 Shopping
Ventiane
Nong Khai
Udon Thani
Phu
Mukdahan
Khon Kaen
Ubon
Ratchathani
Ban Ta Klang
Sisaket
Khong Chiam
Surin
CAMBODGE

Isan Nord

La région septentrionale est une véritable mosaïque : la partie montagneuse jouxte de vastes plaines, puis cède la place à de magnifiques rizières peuplées de buffles et à des parcelles de vignoble. De remarquables sites archéologiques témoignent de la présence d'une civilisation préhistorique. Les habitants, d'ethnies thaï et laotiennes, offrent le visage d'une Thaïlande rurale, authentique et souriante.

Hébergements

€€€
Sérénité
Élégance
Mékong

ADRESSE 112 Moo 1, Soi 5, Chaikhong Road, Amphoe Chiang Khan, Loei
CONTACT 086 2340011
TARIFS 450 Baht / 2 pers

01 LOOGMAI GUESTHOUSE
Au bord du Mékong

Les propriétaires de cette maison d'hôtes à l'architecture coloniale, 2 artistes, une chanteuse et un peintre, ont su lui donner une atmosphère particulière. Les chambres sont spacieuses, les quelques meubles en bois accentuent le style épuré. L'agréable terrasse donne directement sur le Mékong, pour une invitation à la contemplation du soleil couchant. Une attention particulière est portée au déversement des eaux usées dans le fleuve : les produits d'hygiène utilisés sont biologiques.

€€€
Élégance
Bois
Traditionnelle

ADRESSE 452 Moo 2, Don Kiao Yai, Amphoe Tha Bo, Nong Khai
CONTACT 087 2217161
TARIFS 700 Baht / 2 pers

02 BAN THAI THA BO
Quiétude et sérénité

Ban Thai Tha Bo est une charmante maison d'hôtes, construite selon l'architecture traditionnelle thaï. Les chambres boisées, à la décoration raffinée, sont équipées d'une petite terrasse, offrant un moment de relaxation face au jardin ou au Mékong. Des cours de cuisine sont proposés. Une attention particulière est portée aux rejets des eaux dans le fleuve.

€€€
Jardin
Détente
Fontaine

ADRESSE 88/103 Laonadee Avenue, Soi 10/11, Amphoe Muang, Khon Kaen
CONTACT tonwaresort.com
043 322613
TARIFS 1000 Baht / pers

03 TONWA RESORT
Autour d'un bassin

Cet hôtel propose des chambres confortables, décorées dans le style thaïlandais traditionnel, ouvertes sur un bassin. A l'écart du centre-ville, vous apprécierez l'atmosphère détendue qu'offre cet espace dans son écrin de verdure. Différentes catégories de chambres sont disponibles selon les options souhaitées. La réduction de la consommation énergétique est une préoccupation, plusieurs actions sont mises en œuvre en ce sens : eau chauffée via des panneaux solaires, clés magnétiques coupant automatiquement l'électricité dans les chambres, etc.

€€€
Verdoyant
Authenticité
Écologique

ADRESSE 11 Moo 10, Ban Kham Phok Non Yang Nong Song, Mukdahan
CONTACT thaihouse-isaan.com
090 8432970
TARIFS 1500 Baht / 2 pers

04 THAÏ HOUSE ISAAN
Au rythme de la région

David et Noi vous accueillent dans des chalets en bois dispersés dans un jardin impeccablement entretenu. Les vastes chambres sont joliment décorées d'artisanat local et équipées de mobiliers en bois de teck. Herbes, légumes et riz sont issus de l'agriculture biologique pratiquée dans l'immense propriété. L'eau de pluie est recueillie, traitée, filtrée et utilisée comme eau potable. Les revenus dégagés liés au recyclage sont offerts au personnel pour les encourager dans cette contribution.

Au bord du Mékong

€€€
Vallée
Grandiose
Reposant

ADRESSE 461 Moo 3, Ban Doen, Amphoe Dansai, Loei
CONTACT Phunacomeresort.com
042 892005
TARIFS 4200 Baht / 2 pers

05 PHU NA COME RESORT
Un havre de paix

Situé au milieu de la campagne, cet hôtel de charme est construit dans un style contemporain avec du mobilier en bois de teck fabriqué par la communauté locale. C'est un endroit idéal pour ceux qui recherchent la tranquillité. L'équipe vous invitera à vous joindre aux manifestations locales, « festival de masques », « festival de fleurs » ou encore aux offrandes du matin aux Monks. Plusieurs activités culturelles sont proposées : apprendre à peindre un masque Phi Ta Khon, découvrir la vie du village à vélo, travailler le riz.

POUR L'ENVIRONNEMENT
Certifié Green Leaf, le site utilise des produits naturels, recyclés ou biologiques. Il dispose d'un jardin bio, les récoltes sont utilisées pour la cuisine du restaurant.

POUR LES EFFORTS SOCIAUX ET CULTURELS
Les bénéfices des produits vendus à la boutique sont versés aux employés et à la communauté locale. Engagé dans des projets « Corporate Social Responsability ».

Jardinier du Phu Na Come Resort

€€€
Charme
Végétation
Etoffe

ADRESSE 114/1 Moo 5, Tambon Thapra, Amphoe Muang, Khon Kaen
CONTACT wishingtreeresort.com
043 209333
TARIFS 5100 Baht / 2 pers

06 WISHING TREE
L'hospitalité traditionnelle thaïlandaise

Cet élégant complexe est situé au cœur d'une forêt alluviale, en périphérie de Khon Kaen. Les chambres sont spacieuses et élégantes. Décoration et mobilier sont réalisés par les artisans de la région qui utilisent le « pick shower tree », arbre typique, ainsi que des tissus locaux dont la texture est très subtile : ils servent de vitrine aux magnifiques objets vendus dans la boutique. Les habitations offrent une vue imprenable sur la rivière, la piscine ou les jardins paysagers.

€€€
Tranquillité
Intimité
Elégance

ADRESSE 126 Moo 13, Um Chan Prachak Sinlaphakhom, Udon Thani
CONTACT geckovilla.com
081 9180500
TARIFS 6800 Baht / 2 pers (pension complète)

07 GECKO VILLA
Détente au milieu des rizières

Nichée au cœur des villages ruraux, cette propriété dispose de 3 chambres avec salles de bain et d'un grand salon. Des espaces aménagés avec soin invitent les visiteurs à se détendre : prélassez-vous dans le hamac de la véranda, déjeunez sur la table et les bancs en bois installés dans le jardin, faites quelques brasses dans la piscine ouverte sur les rizières. Savourez pleinement le rythme de la vie à la campagne !

POUR L'ENVIRONNEMENT
Plantation d'arbres autour de la propriété, espace dédié aux cultures biologiques de riz, fruits, légumes et herbes.

POUR LES EFFORTS SOCIAUX ET CULTURELS
Contribue au développement des communautés en leur proposant du travail et permet ainsi aux enfants d'être scolarisés. Organise des visites d'écoles pour converser en anglais.

Restaurants

€€€
Savoureux
Impeccable
Réputé

ADRESSE 526/527 Moo 4, Rim Khong Road, Nai Mueang, Amphoe Muang, Nong Khai

CONTACT 042 460647

08 DEANG NAMNUENG
Sur les rives du Mékong

Au bord du Mékong, ce restaurant propose une cuisine vietnamienne authentique : rouleaux de printemps frits, saucisses, grillades... Vous y trouverez également de succulentes spécialités thaïlandaises. Tout est frais, naturel et délicatement préparé maison ! La salle ouverte sur le fleuve offre une vue imprenable.

Activités

€€€
Colosse
Mystique
Surprenant

ADRESSE Samakkhi Community, Nong Khai

TARIFS 20 Baht / pers

09 SALA KEAW KU
Un voyage sculptural énigmatique

Ce parc abrite une impressionnante collection de sculptures bouddhistes et hindoues. C'est un moine laotien qui a fait construire ces statues surréalistes par les meilleurs artistes du pays. D'étonnantes représentations en béton illustrent les croyances relatives aux différentes phases de la vie ou encore la littérature et la tradition bouddhistes. Face à l'immense Naga de 25 mètres, vous vous sentirez minuscule !

€€€
Roche
Nature
Géologie

ADRESSE Pha Ngam village, Moo 10, Tambon Puan Phu, Amphoe Nong Hin, Loei

CONTACT 081 4621719

TARIFS 100 Baht / pers

10 PHA NGAM ROCK GARDEN
Un sentier à travers les rochers

Autrement appelé Suan Hin Pha Ngam Park, ce parc abrite d'étonnantes montagnes calcaires, sur lesquelles l'érosion a progressivement façonné des formes intéressantes, comme des visages humains, des éléphants... Serpentant à travers les rochers, un court sentier de randonnée emmène les visiteurs vers plusieurs attractions : Thalu Cave, les cascades de Suan Hom et Phiang Din et enfin le point culminant Pha Bonge. Une multitude de plantes rares et d'arbres centenaires bordent les chemins.

€€€
Ethnologie
Evolution
Art

ADRESSE Lang Sun Ratchakan Road, Amphoe Muang, Khon Kaen

CONTACT 043 246170

TARIFS 100 Baht / pers

11 MUSÉE NATIONAL DE KHON KAEN
Sur les traces du passé

Ce musée présente une belle exposition sur les civilisations anciennes. Les collections comprennent des objets d'art de la période khmère et Dvaravati. Les vestiges régionaux retrouvés, maquettes, sculptures, statuettes favorisent l'immersion dans l'histoire et les coutumes de l'Isan.

€€€
Nature
Flore
Camping

ADRESSE Tambon Nong Bua, Amphoe Phu Rua, Loei

CONTACT dnp.go.th 085 095299

TARIFS 200 Baht

12 PARC NATIONAL PHU RUA
Expédition en pleine nature

A 38 km à l'Ouest de Loei se trouve le Parc National de Phu Rua. Ce lieu est très convoité par les habitants de la région qui viennent y pique-niquer ou admirer le coucher de soleil. Cette immense forêt renferme une grande diversité d'orchidées sauvages ainsi que d'étranges espèces animales. Les cascades sont nombreuses, une statue de Bouddha trône au point culminant, à 1365 mètres. Des terrains de camping équipés et des bungalows sont mis à disposition des visiteurs.

Entrée du Parc Phu Rua

€€€
Nature
Fouille
Peinture

ADRESSE Tambon Nai, Amphoe Phu Wiang, Khon Kaen

CONTACT dnp.go.th 043 358073

TARIFS 200 Baht /pers

13 PARC NATIONAL DE PHU WIANG

Une merveille historique et géologique

Ce parc national est avant tout un site archéologique abritant des fossiles de dinosaures. Suivez à la trace les empreintes de ces animaux hors du commun ! Vous pourrez également contempler des peintures rupestres préhistoriques réalisées par les premiers habitants de l'Isan. Au sein de la forêt verdoyante, falaises abruptes et magnifiques chutes d'eau accentuent le sentiment d'irréalité. Des chemins aménagés se prêtent à une randonnée pour observer les animaux sauvages.

€€€
Fossile
Reconstitution
Dinosaure

ADRESSE Tambon Naimueang, Amphoe Wiengkao, Amphoe Phu Wiang, Khon Kaen

CONTACT dmr.go.th 043 82046

TARIFS 60 Baht /pers

14 MUSÉE DES DINOSAURES DE PHU WIANG

Interactivité avec le monde des dinosaures

A l'entrée du parc Phu Wiang, le musée des dinosaures ravira les enfants et les passionnés de fossiles. Illustrations ludiques, films, photos et moulages livrent l'explication du contenu des fouilles. Les reproductions grandeur nature des différentes espèces de dinosaures découvertes dans la région sont très réalistes.

Wat Nong Wang Kao

C'est gratuit

€€€
Temple
Relique
Bouddha

ADRESSE Muang Kao, Amphoe Muang, Khon Kaen

15 WAT NONG WANG KAO
Le stupa aux 9 étages

Institué temple royal en 1984, le Wat Nong Wang Kao s'élève à 80 mètres de haut. Vous pourrez gravir les 9 volées de marches pour profiter d'un superbe panorama sur la ville et le lac Bung Kaen Nakorn. Portes et fenêtres sont richement sculptées, représentant des scènes de la vie du Bouddha et de ses réincarnations. A l'étage inférieur, les fresques relatent l'histoire de la ville.

€€€
Grotte
Marche
Temple

ADRESSE Ban Pha In Paeng, Tambon Wang Thong, Amphoe Na Wang, Nong Bua Lam Phu

16 THAM ERAWAN TEMPLE
Creusé dans le calcaire

Au cœur d'une falaise calcaire, cette grotte est avant tout un temple bouddhiste. Elle illustre une scène très présente dans les légendes locales : « la dame aux cheveux parfumés ». L'escalier en colimaçon de 600 marches mène à l'entrée où est disposée une statue de Bouddha. Au-delà de la gigantesque cavité, formations rocheuses et stalagmites décorent naturellement les parois. Profitez de ce point culminant pour admirer la vue panoramique exceptionnelle.

€€€
Exposition
Carnaval
Folklore

ADRESSE Kaew Asa Road, Amphoe Dansai, Loei
CONTACT 042 891094

17 MUSÉE FOLKLORIQUE DE DAN SAI

Dans l'enceinte du temple Wat Phon Chai, chaque élément illustre l'histoire du festival Phi Ta Khon. Au cours de la fête annuelle, les villageois s'expriment à travers la procession et les danses. Ils se déguisent en fantômes et s'amusent à faire des farces. Dans cette galerie sont exposés des masques exceptionnels et de superbes costumes colorés. Des affiches relatent les croyances et la confection des masques, des photos présentent les scènes du festival.

Shopping bon pour la planète ....

€€€
Tissage
Soierie
Cadeaux

ADRESSE 131-193 Chata Phadung Road, Amphoe Muang, Khon Kaen

CONTACT praepangroup.wordpress.com 043 337216

18 PRAE PAN
Le village de la soie

Prae Pan, littéralement « nombreux types de tissus », regroupe 200 tisserands de 7 collectivités de la province de Khon Kaen. Encourageant l'émancipation des femmes du Nord-Est, ce programme a pour but de préserver et d'enseigner les techniques de tissage à la main. Les méthodes traditionnelles, tissage, teinture naturelle, élevage de ver à soie et filature de la soie à la main, sont employées et permettent de créer des produits uniques. A consommer sans modération !

€€€
Artisanat
Contribution
Femme

ADRESSE 1151 Soi Chittapanya, Prachak Road, Tambon Naimueang, Amphoe Bueng Kan, Nong Khai

CONTACT 042 411236

19 VILLAGE WEAVER HANDICRAFTS
Shopping responsable

Ce magasin est élégant et somptueux, avec ses boiseries et ses tentures murales. Il propose une gamme complète de produits uniques et de qualité : sacs, soieries, chemises et tissus vendus au mètre. Le projet vise à soutenir les femmes de la région en leur procurant une source de revenus.

Femmes confectionnant des petits paniers en osier

Isan Sud

Au cœur d'une nature préservée sillonne la route des vestiges khmers, jalonnée de temples et de sanctuaires en pierre. Leur architecture et leur décor méritent le détour. Cette région abrite la capitale thaïlandaise des éléphants, célèbre pour son festival. De petits villages dévoilent les charmes traditionnels de la Thaïlande : ils regorgent d'artisanats tels que la soierie et la poterie, avec une profusion de couleurs, de formes et de textures.

Hébergements

€€€
Rencontre
Immersion
Expérience

ADRESSE Thiam Laongklang, Ban Prasat village, Amphoe Non Soong, Nakhon Ratchasima
CONTACT 044 367062
TARIFS 400 Baht/ 2 pers

20 BAN PRASAT HOMESTAY
Au cœur d'un village

Une excellente façon de découvrir le mode de vie des communautés locales est de se plonger dans les coutumes de ce village. Dans une belle maison traditionnelle en bois, une chambre, sommairement meublée mais confortable, est réservée aux visiteurs. Ce programme, soutenu par le gouvernement, permet de séjourner chez l'habitant. Ainsi, vous partagerez les activités quotidiennes : production agricole, élevage du ver à soie, tissage de nattes… Immersion totale et authentique garantie !

€€€
Chambres
Arbres
Activités

ADRESSE 215 Moo 6, Koksaad, Amphoe Nam Khun, Ubon Ratchathani

CONTACT suanloongdaeng farmstay.com
045 318160

TARIFS 500 Baht / pers

21 SUAN LOONG DAENG FARM STAY
Un séjour à la ferme

Cette maison campagnarde dispose de bungalows alliant matériaux locaux et décoration artisanale, disséminés dans un immense jardin tropical. Une partie des terres, enrichies grâce au compost, est consacrée aux cultures de fruits et légumes biologiques. Participez à la cueillette, cuisinez les produits et dégustez votre repas en plein air ! D'autres animations sont proposées : visite de villages, randonnée dans les montagnes, parcours à vélo à travers les rizières, baignade dans la rivière.

€€€
Charme
Chaleureux
Eco-responsable

ADRESSE 11 Suriyat Road, Nai Muang, Ubon Ratchathani

CONTACT Theoutsideinnubon.com
088 5812069

TARIFS 800 Baht / 2 pers

22 THE OUTSIDE INN
Convivialité et authenticité

Cette résidence familiale dispose de 9 chambres spacieuses, confortables et décorées avec goût. L'agréable jardin ombragé, la terrasse aménagée et le hamac dégagent une grande sérénité. Les matériaux sont issus de la récupération : portes provenant d'un magasin, tables restaurées à partir d'un socle de machine à coudre. L'accueil américano-thaïlandais y est fort sympathique. Tous les conseils vous seront communiqués pour faciliter votre séjour dans la région. Le restaurant propose de délicieux menus mexicains et thaïlandais.

POUR L'ENVIRONNEMENT
Eau purifiée à disposition des visiteurs pour éviter la consommation de bouteilles en plastique, transport écolo : possibilité de louer des vélos.

POUR LES EFFORTS SOCIAUX ET CULTURELS
Literie patchwork cousue main par les femmes des villages avoisinants. Approvisionnement auprès des producteurs locaux.

Séjour à la ferme de Suan Loong Daeng

€€€
Eco-habitation
Participatif
Unique

ADRESSE 23/1 Moo 3, Ban Khopet, Amphoe Bua Yai, Nakon Ratchasima
CONTACT thailandhomestay.com
086 2585894
TARIFS 1400 Baht / 2 pers

23 LAMAI TOURS AND HOMESTAY
Un séjour participatif

Ce site écologique est entouré de plantations fleuries, de rizières et de cultures biologiques. Les bungalows sont fabriqués à partir de matériaux naturels : parois à base de blocs de boues combinés avec des balles de riz, sol en ardoise. Vous êtes invité à observer ou à participer, par le biais d'activités, à la vie rurale de ce village : plantation et récolte de riz, fabrication de tapis, préparation d'un repas... Des excursions d'un ou plusieurs jours sont organisées pour découvrir la région et ses habitants.

€€€
Source naturelle
Prévention

ADRESSE 98 Moo 6, Tambon Phya Yen, Amphoe Pakchong, Nakhon Ratchasima
CONTACT Cabbagesandcondomshotels.com
036 227065
TARIFS 1600 Baht / 2 pers

24 SAP TAI CABBAGES & CONDOMS
Vue sur les montagnes

Sap Tai est niché dans une vallée entourée de collines escarpées à proximité du Parc National de Kho Yai. Les chambres sont confortables et propres. Des tentes sont également disponibles pour être au plus près de la nature. Le retraitement des eaux usées permet de les utiliser pour l'arrosage du jardin. Une partie des bénéfices contribue au développement des villages ruraux, à l'éducation et à l'attribution de bourses d'études ainsi qu'à la sensibilisation des locaux à la protection contre le sida.

€€€
Nature
Détente

ADRESSE 199/16 Moo 8, Nongnamdaeng, Amphoe Pakchong, Nakhon Ratchasima

CONTACT ecovalleylodge.com 044 249661

TARIFS 1700 Baht / 2 pers

25 ECO VALLEY LODGE
Une oasis de tranquillité

L'immense jardin tropical borde les bungalows, le restaurant et la piscine. Les terrasses ombragées sont équipées de fauteuils dans lesquels vous pourrez vous détendre et admirer la vie sauvage. Eco Valley Lodge propose également un programme d'excursions complet : trekking, balade à vélo, golf, visite culturelle, massage. De nombreux arbres fruitiers, cultivés dans le verger, garantissent la fraîcheur des jus de fruits pressés. Le compost est utilisé comme fertilisant, les déchets sont triés et recyclés.

€€€
Maison
Rustique
Jardin

ADRESSE 454 Moo 13, Baan Santisouk, Amphoe Buachet, Surin

CONTACT samornvilla.com 085 9078708

TARIFS 4000 Baht / 2 pers

26 SAMORN VILLA
Faites comme chez vous!

Pour préserver l'authenticité des lieux, cette maison d'hôte a été construite à partir d'anciens matériaux récupérés, comme les 16 piliers sur lesquels elle repose. Aux alentours, un cadre verdoyant, arboré et fleuri, abrite une ferme biologique qui regorge de fruits, légumes de saison et d'herbes aromatiques. La propriété, équipée d'une cuisine aménagée, de chambres avec salle de bain et d'un salon, peut accueillir jusqu'à 8 personnes.

Prasat Hin Phimai

Restaurants

€€€
Mets
Projet
Sensibilisation

ADRESSE 86/1 Seubsiri road, Amphoe Muang, Nakhon Ratchasima

CONTACT cabbagesandcondoms.com
044 258100

27 CABBAGES & CONDOMS
Mangez engagé

Ce restaurant sur 2 étages propose les spécialités de la région : som tam (salade de papaye), gai yang (poulet grillé). En accompagnement, tentez la boisson traditionnelle, le sato (vin de riz). Les murs sont couverts d'illustrations sur la prévention contre le sida. Une partie des profits est destinée à diverses actions de sensibilisation de la population et à son développement.

Activités

€€€
Jardin
Art
Créateur

ADRESSE 99 Moo 9, Klang-dong, Amphoe Pakchong Nakhon Ratchsima
CONTACT 044 993939
secretartgarden.com
TARIFS 100 Baht / pers

28 SECRET ART GARDEN
La beauté discrète de l'art

Ce jardin recèle de trésors cachés. Les plantes abritent de subtiles notes artistiques et de très belles représentations faites avec des matériaux naturels, bois ou argile, sont disséminées dans ce parc. Nature et art se mêlent harmonieusement. Dans ce cadre authentique, dégustez un jus de fruit frais sur les terrasses aménagées.

€€€
Temple
Archéologique
Latérite

ADRESSE Namueang Road, Nai Muang, Amphoe Muang, Nakhon Ratchasima

CONTACT 044 471568
TARIFS 100 Baht / pers

29 PRASAT HIN PHIMAI
Site naturellement protégé

Au cœur de la ville, ce sanctuaire de l'empire khmer, en forme de croix, est cerné d'étangs. L'entrée principale est un pont avec de magnifiques nagas, symbolisant le passage du monde des humains au monde des dieux. Dans la cour intérieure, on retrouve les 3 imposantes tours en grès blanc et rose. Enfoncez-vous dans les recoins et découvrez les sculptures antiques en latérite, roche brune caractéristique de la région.

€€€
Eléphant
Liberté
Cornacs

ADRESSE Tambon Kapho, Amphoe Tha Tum, Surin
CONTACT surinproject.org/home.html
084 4821210
TARIFS 100 Baht / pers

30 BAN TA KLANG ELEPHANT VILLAGE
Une vie digne pour ces éléphants

Ce centre d'étude est axé sur la recherche de solutions aux difficultés rencontrées par les cornacs et leurs éléphants dans la province de Surin. L'objectif est d'améliorer les conditions de vie des pachydermes et de leur donner la possibilité d'errer librement dans leur milieu naturel. Promenez-vous dans le parc et observez ces animaux épanouis : ils se baignent dans la rivière, jouent au football ou encore jonglent ou dansent... Vous pourrez les nourrir avec des aliments achetés sur place.

€€€
Nature
Archéologie
Rivière

ADRESSE Tambon Huai Phai, Amphoe Khong Chiam, Ubon Ratchathani
CONTACT dnp.go.th
045 318026
TARIFS 400 Baht / pers

31 PHAE TAEM NATIONAL PARK
Oeuvres d'art préhistoriques

Situé sur un plateau, ce parc dissimule de superbes falaises offrant des vues imprenables sur le Mékong et le Laos. L'érosion rocheuse a sculpté d'étonnantes formes ressemblant à des champignons. Chemin faisant, vous trouverez des grottes abritant de superbes peintures rupestres. Plus au Nord se trouvent 3 magnifiques cascades. A l'embarcadère, des croisières sur la rivière au « 2 couleurs » sont organisées pour découvrir le site sous un autre angle.

€€€
Adrénaline
Aventure
Loisirs

ADRESSE 99/16 Noen Hom, Amphoe Muang, (Near Khao Yai National Park), Prachinburi
CONTACT thewildlodge.com
081 8092311
TARIFS 1200 Baht / pers

32 WILD LOGDE
En quête de frissons

Le bâtiment est construit à base de matériaux durables et recyclés, de feuillus récupérés avec la participation de la communauté locale. De multiples activités en pleine nature sont proposées : kayak, escalade, canyoning, trek, tir à l'arc… Le personnel d'encadrement est qualifié et vous encourage à dépasser vos limites. Évaluez vos capacités mentales, physiques et émotionnelles et tentez le parcours du combattant !

€€€
Nature
Jungle
Animaux

ADRESSE 52 Moo 6, Thanarat Road, Amphoe Pakchong, Nakhon Ratchasima
CONTACT greenleaftour.com
044 936361
TARIFS 1500 Baht / pers

33 GREENLEAF TOUR
A la découverte des merveilles du parc Khao Yai

Greenleaf Tour propose des visites dans le parc national Khao Yai. Les guides vous mèneront au cœur de la forêt tropicale. Ces experts sauront orienter le circuit pour observer les nombreux animaux qu'abrite cette jungle : gibbons, macaques, serpents, éléphants sauvages, calaos et une étonnante variété d'insectes colorés. Chemin faisant, savourez une petite escale rafraîchissante au pied de l'impressionnante chute d'eau Haew Suwat et une pause déjeuner en plein air.

Village d'éléphants

€€€
Connaissance
Village
Passion

ADRESSE Soi Arunee, Thung Poh Road, Amphoe Muang, Surin
CONTACT 089 35541140
TARIFS 3800 Baht / pers pour 1 journée

34 PIROM - AREE
Une mine d'informations

Cette maison d'hôtes propose de nombreuses formules d'excursions : visite des villages, de vanneries, de tisserands, d'éléphants. Pirom, passionné, partage avec ses visiteurs ses grandes connaissances sur la culture et l'histoire de cette région. A chaque étape, Pirom est accueilli chaleureusement. Vous en apprendrez plus en une journée que pendant tout votre séjour.

POUR L'ENVIRONNEMENT
Maison et mobilier en bois local, tri et recyclage des déchets, ni climatisation, ni eau chaude.

POUR LES EFFORTS SOCIAUX ET CULTURELS
Favorise l'économie locale en faisant travailler les locaux.

Cours d'aerobic en plein air

C'est gratuit

€€€
Temple
Bois
Livre

ADRESSE 95 Luang Road, Nai Muang, Ubon Ratchathani

35 WAT THUNG SI MUANG
Apprentissage monacal

L'architecture du Wat Thung Si Muang est un mélange de styles Rattanakosin et Vientiane, l'intérieur est orné de belles fresques murales et abrite une réplique de l'empreinte de Bouddha. Célèbre pour sa bibliothèque hissée sur pilotis au milieu d'un étang couvert de nénuphars et de fleurs de lotus, conçue pour protéger les manuscrits en feuille de palme. Promenez-vous aux alentours du sanctuaire et croisez le chemin de jeunes moines, étudiants au monastère !

€€€
Fabrication
Potier
Façonnage

ADRESSE Tambon Pathon, Amphoe Muang, Ubon Ratchathani

36 BAAN THA TAO HAI
Créativité et doigté

Le long de la route, les ateliers de poteries se succèdent, les vitrines extérieures exposent de très belles pièces traditionnelles. C'est un endroit où vivent et travaillent des artisans depuis de nombreuses générations. Vous pourrez observer les différentes étapes de la transformation de la pâte en objets décoratifs. Ces poteries sont réalisées à la main, avec de l'argile locale, et cuites au four à bois. Certaines sont colorées et décorées avec beaucoup d'originalité.

€€€
Village
Cuivre
Moulage

ADRESSE Tambon Nong Khon, Amphoe Muang, Ubon Ratchathani

37 BAAN PA-AO
Les artisans fondeurs

Ce village est l'un des plus anciens de la province d'Ubon Ratchathani. Il est célèbre pour sa production de laiton, de bronze et de soieries. C'est dans cet atelier que sont perpétués les plus belles traditions et le meilleur savoir-faire. Les artisans présentent fièrement les procédés de fabrication. Vous pourrez y observer les spécialités : boites à bétel, cloches et grelots.

38 PARK THUNG SI MUANG
Spectacle et ambiance garantis !

€€€
Activités
Sportives
Insolites

ADRESSE Upparat Road, Amphoe Muang, Ubon Ratchathani

Ce parc est emblématique, il abrite une gigantesque bougie, hommage au festival de la bougie qui a lieu chaque année en juillet. C'est autour de 17h que le parc s'anime. Les locaux arrivent pour faire leur jogging, jouer au football ou au basket ou encore pour une séance d'aérobic sur un air de musique thaïlandaise. Laissez-vous tenter par l'une de ces activités sportives !

Après cet effort, dégustez l'une des nombreuses spécialités proposées sur les gargotes du marché nocturne, à proximité.

39 BAN PRASAT
Un musée en plein air

€€€
Découverte
Ossements
Préhistoire

ADRESSE Ban Prasat Village, Amphoe Non Soong, Nakhon Ratchasima
CONTACT 044 213030

Jouxtant les habitations, ce site archéologique est constitué de 3 zones de fouilles, révélant une activité remontant à plus de 3000 ans. Au cœur de ces fosses, vous observerez quantité d'empreintes du passé : squelettes humains, morceaux de poteries, d'armes en bronze ou encore de bijoux. Prolongez cette visite en flânant au cœur du village pittoresque.

40 WAT PA MAHA CHEDI KAEW
Des moines écologistes

€€€
Temple
Verre
Recyclé

ADRESSE Amphoe Khun Han, Sisaket

Pour promouvoir le recyclage, les moines ont encouragé la population locale à récupérer les bouteilles de bière vides pour créer un temple. Ainsi, plus d'un million de bouteilles ont été collectées pour la construction de l'édifice. La structure est étonnante : le verre est source d'un éclairage naturellement coloré. Les Monks ont également incorporé les capsules pour créer des mosaïques. La collecte se poursuit, pour nourrir leur créativité et favoriser la naissance d'autres oeuvres écologiques.

€€€
Vêtement
Coton
Original

ADRESSE 189 Thepyothi Road, Amphoe Muang, Ubon Ratchathani
CONTACT 045 241821

41 CAMP FAI COTTON SHOP
L'élégance au naturel

Cette boutique est spécialisée dans le coton équitable et biologique. Elle propose une gamme complète de vêtements bio, très originaux. La production est totalement réalisée par la population locale, de la récolte des filaments soyeux à la teinture traditionnelle à base de plantes ou d'arbres tels que le campêche, connu pour sa teinte indigo. Les méthodes traditionnelles sont utilisées et transmises de génération en génération. Consommez équitable !

Des rencontres inattendues !

- ✓ *Découvrez les tortues « Tao Phek » vivant avec les villageois*
- ✓ *Visitez une diseuse de bonne aventure à Ubon Ratchathani*
- ✓ *Saluez les vignobles dans la région de Loei*
- ✓ *Tissez des liens thaïlandais-laotien sur le pont de l'amitié*
- ✓ *Faites-vous surprendre par un fantôme au festival Phi Ta Khon*

Sud

Le Sud du pays est bordé à l'Est par le Golfe de Thaïlande et à l'Ouest par la mer d'Andaman. Le paysage regorge de plages parsemées de palmiers et, vers l'intérieur des terres, de collines verdoyantes. Les pittoresques villages de pêcheurs rappellent le mode de vie traditionnel thaïlandais. Les parcs nationaux marins se détachent sur l'azur de l'océan, embellissant les îles escarpées. Ces baies, à la fois admirables et authentiques, offrent un cadre idyllique : sites de plongée, grottes sous-marines, plantations de cocotiers, eaux couleur émeraude et anses sablonneuses d'un blanc immaculé. Une région incontournable pour qui rêve de farniente !

Les 5 meilleures adresses du Sud de la Thaïlande

- √ Fondez-vous dans l'écrin de végétation du Our Jungle House
- √ Intégrez-vous à la grande famille de volontaires Tcdf Eco Logic
- √ Dégustez une bourriche d'huîtres au Sinmana Farm
- √ Allez à la rencontre de l'âme de la nature au Koh Ra Ecolodge
- √ Séjournez dans un village Moken avec Andaman Discoveries

Ecole Tdcf Eco Logic

Bungalow à Our Jungle House

Propriétaire du Sinman Farm

Ranong
Koh Chang
Phato
Koh Phayam
Koh Surin
Kuraburi
Phanom
Koh Similan
Phang Nga
Krabi
Koh Yao Noi
Phuket
Koh Jum
Koh Lanta
Su
26
52
43
4
19
30
1
20
42
21
27
37
46
31
24
6
12
7
23
16
53
47
44
49
51
28
48
39
32
40
34
36
38
29
50
33
41

Koh Tao
22
8
11
Koh Pha Ngan
10
14
18
Koh Ang Thong
17
Koh Samui
9
13
Donsak
15
rat Thani
Krung Ching
3
Nakhon Si Thammarat
25
2
5
Chang Klang
Trang
Songkhla
35
Koh Sukorn
Koh Tarutao
45
h Lipe
Sateng
1 Hébergement
8 Restaurant
10 Activité
14 C'est gratuit
18 Shopping

Le Golfe de Thaïlande

Littéralement appelé « golfe du Siam », cette partie du pays recèle d'une zone côtière très agréable et de nombreuses îles paradisiaques. Plusieurs parcs naturels accentuent les atouts de cette région qui abrite de nombreuses espèces végétales et animales.

Hébergements

€€€
Fabrication
Educatif
Partage

ADRESSE 51/2 Moo 4, Tambon Pak Song, Amphoe Phato, Chumphon

CONTACT dindang.jimdo.com
087 2872745

TARIFS 100 Baht / 2 pers

01 DING DANG
Autour d'un projet constructif

L'objectif de cet établissement est de promouvoir les techniques naturelles et traditionnelles de construction de maisons d'argile. Bow souhaite faire partager à ses hôtes la vie d'une famille thaïlandaise et de volontaires autour d'un projet de constructions traditionnelles. Il est possible d'y loger ou de participer au projet ou à des activités. Les habitations sont faites à partir de matériaux naturels comme l'argile et le bambou. Une touche artistique est apportée par des modelages et mosaïques réalisés à partir de bouteilles en verre récupérées.

Bungalow à Ding Dang

02 BAN KIRIWONG
Au sein du village

€€€
Habitant
Tradition
Authentique

ADRESSE Moo 10, Ban Kiriwong, Nakhon Si Thammarat
CONTACT 075 533202
TARIFS 500 Baht / pers

Au pied des montagnes de cette province, 39 familles sont prêtes à accueillir des visiteurs dans leur maison. Vous partagez leurs activités quotidiennes : cueillette des fruits, teinture du textile, cuisine au curry, vous pouvez également assister à des spectacles culturels. Pour organiser votre séjour chez l'habitant, contactez le club Community Based Tourism, qui vous aiguillera vers les familles en fonction de la durée de votre séjour.

03 PAN TAWAN ECOLODGE
Le bambou d'or

€€€
Hutte
Jardin
Naturel

ADRESSE Moo 6, Ban Pak Long, Tambon Krung Ching, Amphoe Nopphitam, Nakhon Si Thammarat
CONTACT 075 521929
TARIFS 900 Baht / 2 pers

Au bord de la rivière, cet hôtel familial propose des huttes en bambou au toit de palme. Le confort est rudimentaire, la salle d'eau commune est située dans le jardin. Le propriétaire participe à des activités communautaires qui contribuent à la protection de l'environnement : ainsi, il sensibilise les locaux au recyclage des déchets et à l'utilisation de matériaux naturels. Son établissement permet d'illustrer les bonnes pratiques.

Femme preparant des noix de macadam

€€€
Convivialité
Contribution
Volontaire

ADRESSE 71/2 Moo, Tambon Pak Song, Amphoe Phato, Chumphon

CONTACT Tcdf-ecologic.jimbo.com
086 1721090

TARIFS 1000 Baht / 2 pers

04 TCDF ECO LOGIC
Evasion et entraide

Au cœur d'une forêt luxuriante, cet hôtel convivial offre plusieurs types d'habitations, du dortoir à la maison familiale. Les pièces sont propres et fonctionnelles. Vous apprécierez la vie en communauté avec les volontaires internationaux et les familles thaïlandaises résidant alentours. Une foule d'activités est proposée : yoga, trekking, randonné, rafting en bambou, cours de cuisine. L'Art Eco Shop recèle d'articles originaux faits à base de matériaux récupérés.

POUR L'ENVIRONNEMENT
Système de récupération et filtrage des eaux. Tri et recyclage des déchets. Séances organisées pour promouvoir le respect de la nature au sein de la communauté locale.

POUR LES EFFORTS SOCIAUX ET CULTURELS
Le bénéfice des activités est reversé à la fondation Thai Child Development soutenant 2 axes : l'assistance médicale et l'éducation.

Nature environnante du Tdcf Eco Logic

€€€
Wagon lit
Ecologique
Insolite

ADRESSE 23/1 Moo 14, Tambon Chang Klang, Nakhon Sri Thammarat

CONTACT ruanpakgood.com
081 1243214

TARIFS 1000 Baht / 2 pers

05 RUAN PAK GOOD
Rêver sur les rails

Le propriétaire des lieux promeut activement l'agriculture biologique et la préservation de l'environnement auprès des communautés locales. Il a eu l'idée originale de transformer un ancien wagon en bungalow. Les autres habitations ont été construites à partir de bouteilles en verre recyclées pour limiter la consommation de béton. Les déchets sont triés, et certains recyclés sur place, comme le charbon de bois pour la cuisine. Le zeste de citron est utilisé comme solution de nettoyage.

€€€
Chalet
Montagne
Calme

ADRESSE 97 Moo, Tambon Klong Sok, Amphoe Phanom, Surat Thani

CONTACT thecliffandriver.com
077 913050

TARIFS 2200 Baht/ 2 pers

06 THE CLIFF & RIVER JUNGLE RESORT
Soyez hôte d'une nature luxuriante !

Nichés aux pieds d'une falaise de 200 mètres, au bord de la rivière Sok, les bungalows sont répartis dans l'immense jardin. La structure et le mobilier sont en bois, le style traditionnel. Les chambres sont propres et décorées avec goût. La terrasse offre une vue splendide sur les montagnes environnantes. Ce centre de villégiature propose un panel de services : trekking, spa, canyoning, restaurant. Les déchets sont triés et recyclés, le compost utilisé comme fertilisant.

Cliff & river jungle

€€€
Jungle
Rivière
Local

ADRESSE 183, Moo 6, Tambon Klong Sok, Amphoe Panom, Surat Thani
CONTACT khaosokac-commodation.com
081 4170546
TARIFS 2000 Baht/ 2 pers

07 OUR JUNGLE HOUSE
En harmonie avec l'écosystème environnant

Immergé en pleine jungle, cet écolodge propose des bungalows au bord de la rivière ou des chalets intégrés dans la structure massive des arbres tropicaux. Les chambres sont confortables et offrent une vue à 360° sur la nature environnante. Une attention particulière est portée à l'utilisation de matériaux naturels et au recours à des artisans locaux pour minimiser l'impact sur l'environnement. Des expériences insolites sont proposées, comme les randonnées à la recherche de la rafflesia, la plus grande fleur du monde, d'1 mètre de diamètre, cueillie selon les techniques traditionnelles.

POUR L'ENVIRONNEMENT
Tri des déchets, les boites métalliques sont réutilisées par un artiste.

POUR LES EFFORTS SOCIAUX ET CULTURELS
Achète auprès des producteurs locaux, emploie les communautés du village voisin, soutient l'éducation : construit des écoles pour les enfants birmans.

En bord de mer

€€€
Plage
Relax
Rocher

ADRESSE 27 Moo 2, Mae Haad, Koh Tao, Surat Thani
CONTACT sensiparadiseresort.com
077 456244
TARIFS 2900 Baht / 2 pers

08 SENSI PARADISE
Une retraite paisible

Bordant la plage rocheuse de Mae Haad, cet hôtel met à votre disposition des bungalows de style traditionnel thaïlandais. Les sculptures qui décorent les pièces sont réalisées artisanalement, avec des matériaux naturels de l'île. Profitez du hamac de votre terrasse pour un pur moment de détente. Soucieux de la préservation de l'environnement, l'hôtel a mis en place des mesures d'économies d'eau et d'énergie.

€€€
Ecolodge
Charme
Sérénité

ADRESSE 150/11 Moo 3, Tambon Taling-Ngam, Koh Samui
CONTACT asia-spirit-lodge-and-spa.samuihotel24.com
077 914550
TARIFS 4025 Baht / 2 pers

09 ASIA SPIRIT LODGE & SPA
Source de bien-être

Perché sur le sommet de l'île, ce lodge dispose de bungalows avec un toit en chaume, intégré délicatement au paysage. Depuis votre lit, vous profitez d'une vue spectaculaire sur le parc national marin. Les chambres offrent un mélange éclectique de couleurs et de tentures finement tissées sur un thème asiatique. La structure et la décoration s'inspirent des traditions locales. Des sentiers pédestres permettent de profiter pleinement des espaces communs : jardin tropicaux, piscine, terrasse, restaurant. Les fruits et légumes présentés au menu proviennent du jardin biologique.

€€€
Bois
Plage
Cosy

ADRESSE 64/8 Moo 8, Koh Pha Ngan, Surat Thani
CONTACT greenpapayaresort.com
077 3742300
TARIFS 4400 Baht / 2 pers

10 GREEN PAPAYA
Un magnifique cadre naturel

Surplombant la magnifique baie de sable blanc de Haad Salad, cet hôtel propose des chambres soigneusement décorées avec quelques touches authentiques et une salle de bain en plein air. L'eau est chauffée par des panneaux solaires. Les larges fenêtres apportent une intense luminosité et offrent une vue panoramique sur l'océan et l'immense jardin tropical. Le tri sélectif des déchets est un geste naturel, mis en œuvre au quotidien.

€€€
Jardin
Luxe
Détente

ADRESSE 15/4 Moo 2, Sairee Beach, Koh Tao, Surat Thani
CONTACT theplacekoh-tao.com
87 887 5066
TARIFS 8000 Baht / 2 pers

11 THE PLACE
Un havre de paix

Nichées dans les collines, 5 villas de charme vous attendent. Les chalets en bois recyclé, décorés avec goût, sont spacieux et très bien agencés. La terrasse offre une vue imprenable sur l'océan. De nombreuses actions en faveur de l'environnement sont mises en place : récupération des eaux de pluie, utilisation de produits d'hygiène biodégradables, système de filtration pour fournir de l'eau potable et ainsi réduire la consommation de bouteilles en plastiques.

Restaurants

€€€
Délice
Fleur
Biologique

ADRESSE 246 Moo 6, Tambon Klong Sok, Amphoe Phanom, Surat Thani
CONTACT 089 289001

12 THAI HERB
Une herbe du bien-être

Situé à proximité du parc Khao Sok, ce restaurant dispose d'une agréable terrasse donnant sur le jardin botanique. Noi concocte des menus élaborés à base de légumes, de fleurs et d'herbes de saison. Laissez-vous tenter par la spécialité de la maison : l'omelette aux fleurs ! Les repas et boissons proposés à base de plantes sont bénéfiques pour la santé : énergisant, stimulant ou favorisant la digestion.

€€€
Gourmet
Fleurs
Bois

ADRESSE 2/1 Moo 15, Tambon Pakprek, Amphoe Donsak, Surat Thani
CONTACT 088 7688211

13 DONSAK ORCHID GARDEN
Un repas fleuri

Au cœur d'un jardin luxuriant, ce restaurant propose une fine cuisine thaïlandaise, dont les fruits et les légumes sont issus d'un potager biologique. Savourez votre menu sur la terrasse en bois ombragée par la paillote. L'ensemble du mobilier est en matériaux naturels provenant des artisans locaux. Prenez votre temps et admirez les nombreuses et ravissantes variétés d'orchidées.

€€€
Plage
Fruits de mer

ADRESSE Thong Sala, Koh Pha Ngan, Surat Thani
CONTACT 086 8704942

14 BEACHLOUNGE THONG SALA
Saveurs asiatiques face à la mer

Dans ce restaurant situé directement sur la plage, Supattra, le propriétaire, vous accueille chaleureusement. Le cadre est splendide et la décoration typique, avec les coussins triangulaires thaïlandais revêtus de tissus colorés. Confortablement installé, dégustez l'un des délicieux mets proposés à la carte. Au menu, un large choix de plats, dont la pêche du jour, ainsi que des jus de fruits frais, à savourer au gré des vagues et à la lueur des lampes à huile.

€€€
Fruits de mer
Dégustation

ADRESSE 73 Moo 3, Phywat, Amphoe Kanchanadit, Surat Thani
CONTACT 081 5977575

15 SINMANA FARM
Saveurs marines

Cette entreprise est spécialisée dans la production de fruits de mer et principalement d'huîtres. Montez à bord d'un bateau longue queue pour vous rendre sur la plate-forme située en pleine mer de Somchai. Sinma, patron-ostréiculteur, vous livre tous les secrets de ses cultures pour ensuite vous faire déguster ses huîtres, qu'il ouvre en un tour de main. Une dizaine de plats sont ainsi préparés sous vos yeux ébahis : moules, huîtres, coques, crabes… Le cuisinier vous régale de sa cuisine à base de spécialités de la mer.

POUR L'ENVIRONNEMENT
Participe à un projet de conservation des récifs coralliens en recueillant depuis sa plate-forme des données scientifiques sur l'écosystème.

Sinmana Farm

€€€
Végétation
Expédition
Fleurs

ADRESSE 34 Moo 6, Tambon Klong Sok, Amphoe Phanom, Surat Thani

CONTACT dnp.go.th
077 395154

TARIFS 200 Baht / pers (l'entrée au parc)

16 KHAO SOK NATIONAL PARK
Échappée belle

Ce parc est une véritable mosaïque naturelle : forêt tropicale humide, cascades, falaises calcaires, nombreuses rivières et lacs. Cette réserve naturelle abrite une grande variété d'animaux sauvages et de fleurs dont la rafflésie. Khao Sok est équipé d'un terrain de camping, de bungalows en bois et de maisons flottantes à louer. Aux abords du parc, vous pourrez choisir entre plusieurs formules pour organiser votre exploration : trekking, canoë, tubing, bamboo rafting...

€€€
Mer
Roche
Paradis

ADRESSE 145/1, Talat Lang road, Tambon Talat, Amphoe Muang, Surat Thani

CONTACT dnp.go.th
077 286025

TARIFS 200 Baht / pers (l'entrée au parc)

17 MU KO ANG THONG NATIONAL PARK
La perle du golfe

Le parc national maritime d'Ang Thong comprend 42 îles et îlots. Laissez-vous charmer par ces falaises de calcaire vertigineuses, cette mer émeraude, ces grottes profondes, ces lagons cachés et ces plages de sable blanc immaculé. Aucun habitant ne vit ici, la faune et la flore sont reines ! Plusieurs activités sont proposées : kayak, plongée, snorkeling, balade dans la jungle ou détente sur la plage et baignade dans les eaux chaudes et transparentes. Plusieurs compagnies proposent des excursions au départ des grandes îles et du continent.

€€€
Nature
Falaise
Mer

ADRESSE 108, Moo 3, Ban Madueawan, Koh Pha Ngan, Surat Thani
CONTACT dnp.go.th 077 238275
TARIFS 400 Baht / pers (l'entrée au parc)

18 THAN SADET NATIONAL PARK
La nature à l'état pur

Ce parc abrite un cocktail de merveilles naturelles : forêt tropicale, cascades, montagnes, criques désertes... En empruntant le sentier conduisant à Khao Ra, vous atteignez le point culminant de l'île : jouissez de la vue splendide sur les îles environnantes ! Au travers des lianes et des ficus, observez de nombreux animaux : insectes, oiseaux, reptiles... Soyez discret !

€€€
Nature
Activités
Villageois

ADRESSE 104/2 Moo 4, Tambon Pak Song, Amphoe Phato, Chumphon
CONTACT trekking-thailand.weebly.com 087 2872745
TARIFS 1200 Baht / pers

19 PHATO ECO ADVENTURES
Respect de la nature et des coutumes

Phato Eco Adventures est une initiative visant à préserver la forêt tropicale dans la zone de Phato et à promouvoir la nature et la beauté de cette région auprès des visiteurs. Ainsi, Bow, propriétaire de Ding Dang, propose à ces derniers plusieurs formules, sur un ou plusieurs jours, pour explorer la forêt tropicale et les montagnes : visites de caves, de cascades, de villages, trekking, camping. Une partie des frais de participation est dédiée à la préservation des villages et au développement de projets sociaux.

Sud de la Thaïlande

€€€
Visite
Communauté
locale

ADRESSE Ban Klong Rua, Amphoe Phato, Chumphon
CONTACT klongrua.com
087 8845267
TARIFS 1200 Baht / pers

20 BAAN KLONG RUA
Au cœur de la culture populaire

Klong Rua vous propose de découvrir les traditions locales à travers les méthodes ancestrales de culture d'hévéas, l'exploitation de minerai d'étain et l'artisanat. Les visiteurs pourront déguster une variété de fruits provenant des fermes alentours ou parcourir une exploitation de café. Le projet du village Klong Rua Klong est un moyen efficace de protéger les ressources naturelles de la communauté, et en même temps, une source de revenus supplémentaires pour améliorer la qualité de vie des villageois.

€€€
Méditation
Corps
Respect

ADRESSE Amphoe Chaiya, Surat Thani
CONTACT suanmokkh-idh.org
077 431596
TARIFS 2000 Baht / pers

21 WAT SUAN MOKKH
Esprit limpide

Au cœur de la forêt, ce temple idyllique propose des stages de méditation sur 10 jours dans un endroit calme et isolé. L'enseignement alterne théorie et pratique. Les techniques permettent de cultiver l'esprit et de développer sa concentration, en se focalisant sur la respiration. Des cours de yoga sont donnés pour soulager les tensions physiques. Une bibliothèque recèle d'une variété de livres sur la méditation, le bouddhisme et des sujets connexes.

Jeunes moines

Fond sous-marin

€€€
Eco-plongée
Fonds marins

ADRESSE 7/1 Moo 2, Koh Tao, Surrat Thani
CONTACT ecokohtao.com
091 7277579
TARIFS 3900 Baht / pers

22 ECO KOH TAO
Plongée responsable

Eco Koh Tao propose des programmes éducatifs d'informations. L'objectif est de sensibiliser les visiteurs, notamment les plongeurs, à l'importance des écosystèmes en mettant en évidence les problèmes potentiels et les solutions possibles. Les experts, souvent naturalistes, partagent leurs connaissances au cours de stages de plongée ou de snorkeling, en mettant l'accent sur les aspects éco-plongée de la conservation marine.

€€€
Nature
Camping
Eléphant

ADRESSE 170 Moo 7, Tambon Klong Sok, Amphoe Phanom, Surat Thani
CONTACT elephanthills.com
076 381703
TARIFS 17850 Baht / pers (3 jours et 2 nuits)

23 ELEPHANT HILLS
Immersion en pleine jungle

Elephant Hills propose à ses visiteurs de vivre une aventure unique. Des formules multi-activités offrent une exploration en profondeur de la forêt tropicale : trekking, canoë, baignade, observation de la faune… Au cours de votre séjour, vous vivrez une expérience unique : la rencontre avec les éléphants ! Vous serez en interaction avec ces pachydermes et pourrez préparer leur repas, les nourrir, les baigner… Optez pour l'hébergement dans des tentes équipées au bord du lac. L'énergie solaire et éolienne alimente le site en électricité. Des interventions dans les écoles permettent d'améliorer la pratique de l'anglais.

€€€
Souvenirs
Production
Artisanale

ADRESSE 19/6 Moo 3, Tambon Makhamtea, Amphoe Muang, Surat Thani
CONTACT 081 2721221

24 OTOP HANDY CRAFT
Un commerce juste

« One Tambon, One Product » signifie littéralement « une commune, un produit ». Le projet « OTOP » est destiné à encourager et soutenir le développement communautaire. C'est un moyen de préserver les compétences traditionnelles et antiques thaïlandaises. Cette boutique propose un éventail de produits artisanaux exquis : bijoux, textiles, boiseries ou encore quelques délicieuses spécialités régionales.

€€€
Figurine
Ombre
Talent

ADRESSE 110/18 Si Thammasok, Soi 3, Nakhon Si Thammarat
CONTACT 075 346394

25 BAN NANG THALUNG SUCHART SUBSIN
Un célèbre marionnettiste

Suchart Subsin abrite dans sa résidence un magnifique musée de marionnettes d'ombres et d'antiquités. Ce célèbre fabriquant explique fièrement à son public les étapes d'assemblage des multiples matériaux : peau de vache traitée, tiges de bambou, fils de soie. Ces figurines sont utilisées pour décorer les maisons et les spectacles, que vous aurez peut-être la chance de découvrir. Cet artiste transmet à ses enfants l'art de la fabrication de ces marionnettes d'ombre. Une idée de cadeau original !

Création de marionnettes

La côte d'Andaman

Le littoral offre un panorama exceptionnel et préservé, propice à l'exploration terrestre et sous-marine. L'archipel est un véritable chapelet d'îles sauvages, bordées de sable doux et doré, et baignées dans une mer de jade. Naviguez entre les eaux cristallines et les pitons karstiques aux silhouettes spectaculaires, recouverts de jungle.

Hébergements

€€€
Naturel
Eco-énergie

ADRESSE Aow Yai Beach, Koh Chang, Ranong
CONTACT 087 2715700
TARIFS 600 Baht / 2 pers

26 NATURE VIEW BUNGALOWS
Dans une atmosphère sereine

Tenu par un canadien et son épouse thaïlandaise, cet hôtel propose de spacieux bungalows en bambou disséminés sur la colline ou des chambres réparties sur les 3 étages dans une maison traditionnelle. Le restaurant situé au 2e niveau sert une très bonne cuisine thaïlandaise, que vous dégusterez face à la vue imprenable sur l'océan. Le site est alimenté en énergie solaire et éolienne.

Baie de Krabi

€€€
Famille
Accueil
Contribution

ADRESSE 120/2 Sukapiban 3 Road, Moo 1, Amphoe Kuraburi, Phang Nga
CONTACT andamancommunitytourism.com
TARIFS 600 Baht/ pers

27 ANDAMAN COAST COMMUNITY TOURISM
Immersion au village Ban Talae Nok

Ce village touché par le tsunami est un endroit fascinant qu'il faut explorer. Les Moken vivent en harmonie avec des communautés de différentes nationalités. Andaman Cost Tourism organise des séjours dans les maisons traditionnelles des villageois. Les hôtes disposent d'un espace privé, simple et confortable. L'interaction avec les locaux se fera naturellement à travers leurs activités quotidiennes : cuisine, pêche, agriculture, artisanat... Votre temps et votre argent contribuent directement au développement durable de ce village.

€€€
Détente
Mer
Bénéfique

ADRESSE 4/8 Moo 4, Koh Yao Noi, Phang Nga
CONTACT 086 9420812
TARIFS 1000 Baht / 2 pers

28 THA KAO BAY VIEW
Hôtel communautaire

A flanc de montagne, des bungalows en bois recyclé, dont la toiture est en feuille de palme, sont disposés face à la magnifique baie de Phang Nga. Les chambres confortables et soigneusement décorées sont prolongées par un balcon avec hamac, sur lequel il fait bon se relaxer. Le propriétaire partage la même vision que KYN Ecotourism Club et leur collaboration vise à préserver l'environnement et les cultures traditionnelles.

Plage du Sud

Where Else

€€€
Naturel
Chaleureux
Original

ADRESSE 149 Moo 2, Tambon Saladan, Koh Lanta Yai, Krabi

CONTACT 081 5364870

TARIFS 900 Baht / 2 pers

29 WHERE ELSE
Une oasis conviviale

Ce petit village immergé dans la jungle propose des bungalows en bambou. Chaque construction réalisée avec des matériaux recyclés est unique et personnalisée avec de subtiles décorations : dessins originaux, coquillages, sculptures, coraux, coques de noix de coco, galets. Des paillotes confortables, disposées face à la plage, permettent d'admirer le spectaculaire coucher de soleil. Le restaurant est tout aussi original : d'anciens bateaux de pêche sont transformés en salle à manger.

€€€
Eco-tente
Convivialité

ADRESSE Aow Yai Beach, Koh Phayam, Ranong

CONTACT 081 8495296 phayamfriends.jimdo.com

TARIFS 1200 Baht / 2 pers

30 PHAYAM FRIENDS
Bercé par la brise marine

Sonja et Nicky vous accueillent chaleureusement dans leur jardin orné de plantes tropicales. Différents types d'habitations sont mis à disposition : bungalows avec vue sur mer ou sur jardin et tentes. Ces dernières sont spacieuses et confortablement équipées, elles sont abritées par une plate-forme dont le toit en feuille de palme protège du soleil et de la pluie. Le restaurant offre une délicieuse cuisine thaïlandaise et birmane ainsi que d'excellents gâteaux faits maison. L'électricité est fournie via des panneaux solaires. Aucune voiture ne circule sur l'île.

€€€
Partage
Convivialité
Apprentissage

ADRESSE Amphoe Khuraburi, Phang Nga

CONTACT kohraeco-lodge.com
089 8675288

TARIFS 1100 Baht / 2 pers

31 KOH RA ECOLODGE
Une expérience enrichissante et humaine

Deux jeunes femmes, amoureuses de la nature, ont conçu ce projet pour promouvoir l'écologie et préserver la culture. Vous découvrez l'île, son mode de vie, ses habitants, les animaux et les plantes, ainsi que de nombreuses astuces pour utiliser durablement les ressources. L'écologde met à disposition des chambres simples et confortables, construites à partir de matériaux naturels d'origine locale. Les repas dans le pavillon traditionnel, en plein air, sont un moment de rencontre et de partage avec les locaux, les hôtes, les bénévoles et les chercheurs. Un foisonnement d'échanges enrichissants garanti !

POUR L'ENVIRONNEMENT
Tri des déchets très affiné pour recyclage ou réutilisation, panneaux solaires, affectation de 10% des bénéfices à des projets écologiques et communautaires de la région.

POUR LES EFFORTS SOCIAUX ET CULTURELS
S'approvisionne auprès des producteurs locaux et des pêcheurs du village, propose dans leur boutique des produits faits main par la coopérative des femmes.

Plage du Sud

32 BODEGA
Artiste en herbe

€€€
Social
Art
Musique

ADRESSE 189/3 Rat-UThit, Patong, Phuket

CONTACT bodegaphuket.com 076 602191

TARIFS 1200 Baht / 2 pers

Situé au cœur de Patong, cet établissement propose hébergement et restauration, et dispose d'une galerie d'art. Les chambres sont propres et aménagées en toute simplicité. Robbie et Amy, les propriétaires, soutiennent le développement de la scène artistique et musicale locale. Leur bâtiment est ouvert aux aspirants musiciens, le café-galerie expose le travail d'artistes locaux et il sert par ailleurs de délicieux mets et jus de fruits frais. Une partie du montant des ventes d'art est reversée à une association caritative pour les enfants.

33 GECKO LIPE RESORT
Une halte rafraichissante

€€€
Bungalow
Jardin
Amical

ADRESSE 61 Moo 7, Koh Lipe, Satun

CONTACT geckolipe.com 087 8107257

TARIFS 1500 Baht / 2 pers

En bois et bambou, cet élégant resort allie confort et simplicité. Sur la terrasse est disposé un hamac : idéal pour une pause détente ! Le personnel est très attentionné et organise vos excursions en mer ou dans le village selon vos désirs. Les installations sont conçues pour préserver l'environnement : système de ventilation naturelle, fosse septique pour protéger les eaux souterraines. Le compost est utilisé comme fertilisant pour le jardin.

34 DEE ANDAMAN HOTEL
Un éden tranquille

€€€
Charme
Jardin
Piscine

ADRESSE 45/19 Rattanadilok Road, Amphoe Muang, Krabi

CONTACT deeandamanhotel.com 075 620779

TARIFS 2000 Baht / 2 pers

Cet hôtel propose de spacieuses chambres subtilement décorées avec de beaux tissus et des objets issus de l'artisanat traditionnel. Le mobilier en bois local et les vitres colorées créent une atmosphère apaisante. Le bar sur le toit et la piscine entourée d'un jardin luxuriant permettent de vous rafraîchir. L'utilisation de produits d'hygiène biodégradables et le recyclage des déchets limitent l'impact environnemental.

35 SUKORN BEACH BUNGALOWS & TOURS
Un cadre enchanteur

€€€
Confort
Plage
Authenticité

ADRESSE 174 Moo 1, Tambon Koh Sukorn, Amphoe Palian, Trang
CONTACT sukorn-island-trang.com
089 6475550
TARIFS 2200 Baht / 2 pers

En bordure d'une plage dorée, cette station met à disposition des maisonnettes en bois et bambou cachées à l'ombre des cocotiers. Le restaurant, entouré de plantes tropicales, propose une délicieuse cuisine à base de fruits de mer frais achetés aux pêcheurs du village. Soucieux de préserver la beauté naturelle de cette île, le propriétaire sensibilise les locaux et les enfants à la gestion des déchets.

36 PHANOM BENCHA MOUNTAIN
Une évasion naturelle

€€€
Campagne
Idyllique
Hospitalité

ADRESSE 42/2 Krabi Noi Moo 7, Krabi
CONTACT phanombenchamountainresort.com
081 0896135
TARIFS 900 Baht / 2 pers

Adossé au parc national de Phanom Bencha, cet hôtel met à disposition des maisonnettes en bois dans un style thaïlandais traditionnel. L'intérieur est spacieux et élégant, la terrasse offre une vue époustouflante sur les montagnes. Offrez-vous un moment de détente dans la piscine d'eau naturelle alimentée par la source. La « mama » prépare de délicieux plats avec les fruits et légumes bio, cultivés dans le jardin.

37 GOLDEN BUDDHA
Paressez sur votre hamac

€€€
Eco-station
Élégance
Harmonie

ADRESSE 131 Moo 2, Tambon Koh Phra Thong, Amphoe Kuraburi, Phang Nga
CONTACT goldenbuddharesort.com
081 8922208
TARIFS 5200 Baht / 2 pers

Le Golden Buddha met à disposition des chalets en bois répartis dans le vaste jardin luxuriant ou en bord de mer. Ils sont conçus dans un style traditionnel. Une attention particulière est apportée à la décoration : détails subtils et sculpture des boiseries. Sur cette île encore préservée, offrez-vous un moment d'évasion océanique !
Des installations solaires permettent l'alimentation en électricité et eau chaude. A l'arrière se trouve un verger d'agrumes, le compost y est utilisé comme fertilisant, poulets et canards s'y déplacent librement.

€€€
Eco-resort
Charme naturel

ADRESSE 286, Moo3, Tambon Koh Siboya, Amphoe Nuaklong, Koh Jum, Krabi
CONTACT kohjumlodge.com
089 9211621
TARIFS 5000 Baht / 2 pers

38 KOH JUM LODGE
Détente garantie

Au cœur d'une cocoteraie, cet écolodge à l'architecture traditionnelle propose des cottages en bois tropical avec vue sur la mer. Ils sont équipés d'un grand lit, d'un coin salon, d'une salle de bain et d'une large terrasse. Les espaces communs incitent à la détente : piscine d'eau douce, bibliothèque, jeux de société, hamac, massage thaïlandais. Soucieux de préserver la beauté naturelle de leur environnement, ce couple applique de bonnes pratiques : recyclage des déchets, utilisation de produits naturels, approvisionnement auprès des producteurs locaux, recours à des villageois.

Vue sur la piscine et la mer

Plage de Koh Jum

Sud

€€€
Plats
Crustacés
Délice

ADRESSE 89 Moo 3, Ao Nang, Krabi
CONTACT laelaygrill.com
075 661588

39 LAE LAY GRILL
Fraichement péché

Lae Lay Grill régale ses visiteurs avec la pêche du jour. Poissons et fruits de mer cuisinés traditionnellement, accompagnés de légumes frais cuits à la vapeur, réveilleront vos papilles. Dégustez les succulentes crevettes à la sauce épicée ou les moules au curry ! Observez l'art culinaire thaïlandais grâce à la cuisine ouverte. L'immense terrasse offre une vue panoramique sur la mer d'Andaman et ses petites îles.

€€€
Gastronomie
Recette
Appétissant

ADRESSE 87/8 Moo 5, Tambon Ratsada, Phuket
CONTACT 076 355775

40 KHAO RANG BREEZE
Délice culinaire

Niché dans les arbres, ce restaurant propose une sélection de plats thaïlandais typiques, aux saveurs occidentales. Laissez-vous tenter par la spécialité du chef : le crabe au curry et au poivre. Un assortiment de vins figure à la carte pour accompagner votre repas. Dégustez vos mets sur un fond de musique traditionnelle, avec une vue surplombant Phuket.

€€€
Barbecue
Poisson
Plage

ADRESSE 117 Moo 7, Tambon Ko Sarai, Koh Lipe, Satun
CONTACT 074 728030

41 DAYA RESORT
Barbecue sur la plage

Un restaurant ouvert sur une terrasse extérieure propose une cuisine interactive et des plats influencés par la pêche du jour. Faites votre choix, la vente se fait au poids ! Sirotez un jus de fruit frais face à la plage et à la lueur d'une bougie, pendant la grillade de votre repas sur le barbecue.

€€€
Plongée
Fonds marins

ADRESSE Tambon Khura, Amphoe Kuraburi, Phang Nga
CONTACT dnp.go.th
076 472145
TARIFS 400 Baht / pers (l'entrée au parc)

42 MU KO SURIN NATIONAL PARK
L'univers sous-marin

Cet archipel composé de 5 îles abrite de magnifiques sites de plongée. Le récif est intact et recèle d'espèces sous-marines extravagantes : requins-baleines, raies Manta, tortues géantes... Sous l'eau, découvrez un écosystème corallien très riche et protégé ! Les opérateurs de plongée proposent de nombreuses excursions. Le parc dispose également de bungalows pour la nuit. De magnifiques sentiers d'exploration sillonnent les 2 plus grandes îles, qui sont également le lieu de rassemblement des pêcheurs du village Chao Nam, appelés « gitans de la mer ».

€€€
Relaxation
Art martial

ADRESSE GPO Box 81, Koh Chang, Ranong
CONTACT omtao.net
090 1675384
TARIFS 500 Baht / pers (la séance)

43 OMTAO
Purification du corps et de l'esprit

OMTAO propose de pratiquer des « arts énergétiques internes » : qi gong, taiji quan, yoga. Ces disciplines tendent à développer aisance physique, confiance et respect. Des exercices à partir de mouvements sophistiqués en coordination avec la respiration naturelle apaisent votre esprit et votre corps. Peu importe votre niveau ou votre souplesse, tout le monde peut se joindre à cette expérience. N'attendez plus, faites vos premiers pas !

Mu Ko Surim National Park

Sud

44 MU KO SIMILAN NATIONAL PARK
Le paradis des plongeurs

€€€
Ilots
Spot de plongée

ADRESSE 93 Moo 5, Ban Thaplamu, Phetkasem Road, Tambon Lamkaen, Amphoe Thai Muang, Phang Nga

CONTACT dnp.go.th 076 453272

TARIFS 400 Baht / pers (l'entrée au parc)

Les 9 îles granitiques de l'archipel sont recouvertes d'une végétation tropicale luxuriante et bordées de plages paradisiaques. Ce site offre un spectacle féerique : jardin de corail, variété de poissons multicolores, sable d'une blancheur immaculée, reptiles et nombreuses espèces d'oiseaux. Enfilez votre maillot, prenez votre masque et votre tuba et explorez faune et flore sous-marine. Sur la baie de l'îlot n°8, les immenses formations rocheuses sculptent la tête de « Donald Duck ». Escaladez ces rochers et bénéficiez d'une superbe vue panoramique. Les opérateurs proposent des croisières à la journée et également la nuit à bord du bateau.

45 MU KOH TARUTAO
D'îles en îlots

€€€
Falaise
Mythique
Sable

ADRESSE Tambon Paknam, Amphoe Langu, Satun

CONTACT dnp.go.th 0 7478 3485

TARIFS 400 Baht / pers

Ce parc national marin regroupe 51 îles préservées, bordées par une mer émeraude. Embarquez à bord d'un bateau proposé par les agences ou les hôtels et explorez ce magnifique environnement tropical. De multiples activités sont proposées : kayak le long de la mangrove, visite de grottes jalonnées de stalactites et de stalagmites, baignade dans les eaux limpides, pêche en mer, plongée à la découverte de superbes fonds coralliens et de poissons multicolores... Sur les îles Ao Talo Wao et Talo Udang, d'anciens vestiges de camps de prisonniers sont encore visibles.

46 ANDAMAN DISCOVERIES
Séjour communautaire

€€€
Ecotour
Coutume

ADRESSE 120/2 Sukapiban 3 Road Moo 1, Amphoe Kuraburi, Phang Nga

CONTACT andamandiscoveries.com 087 9177165

TARIFS 1000 Baht / pers

Ce centre vous invite à découvrir les communautés, leur mode de vie traditionnel et les divers écosystèmes d'une manière authentique et non intrusive. Une variété d'expériences locales est proposée : visite de village moken, nuit chez l'habitant, exploration de la mangrove ou d'îles désertes, balade à vélo, trek dans la jungle... De nombreux projets initiés par Andaman ont vu le jour grâce à l'engagement des volontaires et des visiteurs : restauration de la mangrove, éducation pour des orphelins birmans...

POUR L'ENVIRONNEMENT

Ramassage des ordures avec les locaux, protection des nénuphars en voie d'extinction, reboisement, aménagement de sentiers, jardins biologiques.

POUR LES EFFORTS SOCIAUX ET CULTURELS

Fonds débloqués pour du matériel et des manuels scolaires, vente de savon à base de plantes ou batik fait à la main par les femmes du village.

Enfants moken

€€€
Interagir
Enfants
Curiosité

ADRESSE 29/55 Moo 1, Maw, Amphoe Kapong, Phang Nga
CONTACT yaowawit.com
084 8521809
TARIFS 1000 Baht / pers

47 YAOWAWIT SCHOOL
Un pas vers l'autre

Cette fondation a été créée pour venir en aide aux victimes du tsunami. Yaowawit a créé un environnement stimulant et motivant pour offrir une éducation scolaire à des enfants socialement défavorisés. Les visiteurs et les volontaires contribuent favorablement au développement des étudiants. Soutenez ce projet en partageant vos connaissances ou en animant un atelier : conversation en anglais, théâtre, danse, art, coiffure... Le centre propose un hébergement et des activités : balade en vélo, baignade dans les sources d'eau chaude, visite d'un village de pêcheur...

€€€
Roche
Sensation
Varappe

ADRESSE Tambon Ao Nang, Railay Bay, Krabi
CONTACT 075 695288
TARIFS 1800 Baht / pers (la journée)

48 CLIFFS MAN
Sous vos yeux et vos pieds

Les immenses falaises abruptes encerclant la baie offrent un terrain de jeu idéal pour les grimpeurs. La péninsule de Railay offre 4 secteurs d'escalade. Les instructeurs expérimentés vous guident pas à pas dans votre ascension. Une fois le sommet atteint, admirez la vue imprenable sur la mer d'Andaman et ses îlots.

Vue panoramique sur Railay

€€€
Excursion
Découverte
Echange

ADRESSE Amphoe Koh Yao, Phang Nga
CONTACT koh-yao-noi-eco-tourism-club.com
076 597409
TARIFS 2000 Baht / pers

49 KYN ECOTOURISM CLUB
Village de pêcheurs

La coopération entre villageois de l'île Koh Yao Noi les a amené à créer ce club dont le but est de préserver les ressources naturelles et les cultures locales de manière durable. Des campagnes de sensibilisation sont menées afin d'encourager la participation des locaux à la conservation des réserves naturelles et à la gestion des déchets. De nombreuses activités sont proposées : pêche, randonnée, plongée, cyclisme, observation d'oiseaux... Vous pourrez passer la nuit chez l'habitant et ainsi partager le quotidien des villages thaïlandais.

€€€
Mer
Récif
Bateau

ADRESSE 98 Moo 5, Klong Nin Beach, Koh Lanta Yai, Koh Lanta, Krabi
CONTACT narima-lanta.com
075 607700
TARIFS 3000 Baht / pers

50 NARIMA DIVING
Plongée écologique

Ce centre de plongée s'investit dans de nombreux projets communautaires et de conservation marine. Des actions de sensibilisation sont réalisées auprès des pêcheurs et des écoliers. Une gamme complète d'excursions est proposée : plongée, snorkeling, canoë... Les instructeurs expérimentés assurent un service personnalisé, flexible et adapté aux novices et aux personnes confirmées. Un briefing des règles à adopter est réalisé pour minimiser l'impact sur l'écosystème.

Fond sous-marin

€€€
Eaux
Roche
Cave

ADRESSE 124 Soi 1 Yaowarat Road, Muang Taladyai, Phuket
CONTACT johngray-seacanoe.com 076 254505
TARIFS 4000 Baht / pers

51 JOHN GRAY'S SEA CANOE
Un labyrinthe d'îles-pitons

Pionnier de l'écotourisme, John Gray vous propose de visiter en canoë la baie de Phang Nga. La journée est bien cadencée, vous apprécierez chacune des étapes : visite de grottes, repas, baignade dans les eaux cristallines, coucher de soleil... Avant d'embarquer, un briefing sensibilise aux gestes à adopter pour respecter l'environnement. Ce moyen de transport permet d'observer la faune et la flore sauvage et votre guide, expérimenté, vous livre tous les secrets de la nature.

C'est gratuit

€€€
Eau
Minérale
Chaude

ADRESSE Chon Ra Road, Khao Niwet, Amphoe Muang, Ranong

52 RAKSAWARIN PARK
Source de bien-être

Vous trouverez ici 3 puits d'eau thermale naturelle dont les noms signifient « puits maman », « puits papa » et « puits fille ». Leur température avoisine les 65°C. C'est la seule source d'eau thermale sans soufre en Thaïlande. Cette eau chaude est très bénéfique pour le bien-être et la santé grâce ses minéraux. Autour des puits, le parc Raksawarin propose un espace détente et relaxation avec jacuzzi d'eau thermale, sauna, hammam, massages.

Mu Ko Similan National Park

Shopping bon pour la planète ....

€€€
Cadeaux
Source de revenus

ADRESSE 26/61 Moo 7, Tambon Khuk KhakTakuapa, Phang Nga
CONTACT tsunamivolunteer.net
098 828840

53 TSUNAMI CRAFT CENTER
Consommation locale

Suite au passage du tsunami, les habitants de ce village se sont reconvertis dans l'artisanat. Cette boutique recèle d'une multitude de trésors : tissus colorés, sacs, bijoux, vêtements… Une partie des bénéfices est attribuée directement aux communautés.

Un patchwork d'activités !

- ✓ *Assistez à un concours de chant d'oiseaux à Koh Phangan*
- ✓ *Initiez-vous à la pêche au gros à Pak Triam*
- ✓ *Créez votre propre batik au Ban Talae Nok*
- ✓ *Jouez les explorateurs et découvrez un dugong*
- ✓ *Marquez votre engagement en réhabilitant la mangrove*

Annexes

Index thématique